表目と裏目だけで編むニット

ベルンド・ケストラー

私は編み物が大好きです。
美しい色、心地よい手ざわりの糸で
お気に入りの形や模様を編む……、
日々の暮らしに自然と溶け込んだ、私の至福の時間です。
きょうはどんな組み合わせで、何を作ろうか。
イメージは無限に広がります。

そんな楽しさを、
はじめて糸にふれる人や、もっと気軽に編みたい人、
新鮮なパターンに出会いたい人、みなさんに伝えたくて
棒針編みのもっとも基礎的な編み方である「表目」と「裏目」だけで編める
作品集を作りました。

アイテムごとに頭をひねって、ひとつずつ大事にデザインしました。
特にこれが好きというのはなくて、すべて私のお気に入りです。
みなさんがこの本を通して、新たな編み物の魅力に出会えたなら
本当にうれしいです。

ベルンド・ケストラー

Es hat mir viel Spaß gemacht, dieses Buch für Sie zusammenzustellen. Für jedes Strickstück habe ich nur rechte und linke Maschen verwendet. Das war auch für mich eine interessante Herausforderung.

Stricken ist eine erstaunliche Handarbeitstechnik, die jeder schnell lernen kann. Ich wünsche Ihnen viel Freude und schöne Stunden mit meinem Buch.

表目と裏目だけで編めるから……

1 簡単

いわゆる増し目、減らし目もありません。
編み始めと編み終わりをおさえれば、すべての作品を編むことができます。
58 ページからの基本の編み方を参照し、まずは何度か練習してみてください。

2 なのに、さまざまな表情を生み出せる

表目と裏目の組み合わせの妙で、
編み地が伸縮したり、カーブしたり、面白い模様を描いたりしています。
だから編むのも楽しいし、身に着けるのもうれしい。贈り物にも喜ばれそう。

3 アレンジしやすい

編み方がシンプルなので、糸や針の太さをかえたり、編み図の模様の数を増減して、
サイズ調節もしやすいです。慣れてきたら、模様と形の組み合わせをかえてみても。

CONTENTS

星形のネックウォーマー

表目と裏目の組み合わせで伸縮を出すことで、こんな形になりました。
2目ゴム編みの部分が隠れた星のよう。
リバーシブルなので、途中で色をかえれば、2通りで使えます。
首に直接着けるので、やわらかく肌なじみのよい糸を選びましょう。

→ **65**ページ

上下を逆にしたところ。
中央から少しずらしたところで糸の色をかえると、
口側からもう1色が
ちらっと見えてかわいいです。

ロングスヌード

はじめて編み物をする方には、まずこの作品がおすすめです。
「あれ、いつから裏目を編むんだっけ……」と迷うことなく、
表目5段、裏目5段をじっくりたくさん編めるので練習になるのです。
目数を調節してお好みの長さにかえても。

→ **64** ページ

ひとねじりした
ロングスヌード

作り目をしたあと、
輪針にかかった目を
1か所だけねじって編んでいくと、
このような形のスヌードに。
編み地が伸縮するので、
途中で多少ゲージがかわっても
目立ちにくいです。

→ **64**ページ

花びらえりの
ネックウォーマー

星形のネックウォーマー（p.6）と同じ要領で編み始め、
そのまままっすぐ2目ゴム編みを編みます。
写真のように着けても、
折り返さずにくしゅっとさせても。
ぜひ段染めの糸を使って
色の変化を楽しみながら編んでみてください。

→ **68**ページ

宇宙人ふうの帽子

花びらえりのネックウォーマーと
色違いの糸で編んだとんがり帽子。
先がきゅっと三角に細くなっていて、
動くとぴこぴこ揺れるのがキュート。
ポンポンの作り方は63ページを参照してください。

→ **71** ページ

ジグザグ模様のスヌード

どことなく懐かしい模様のスヌード。
輪にぐるぐると編んでいき、伏せるだけの簡単仕立てです。
ゆるやかな波を描く上下の端の形もかわいい。
ふんわりまとっても、体に沿わせても。

→ **70** ページ

うね模様のポンチョ

ヨーロッパの森をイメージした、美しい模様のポンチョ。
編み地を縦にしたり横にしたり、裏側の模様もきれいなので、表裏を逆にして着ても。
しっかりした太さのある、やわらかく軽い糸がおすすめです。

→ **74** ページ

縄編みふうの帽子　青・赤

表目と裏目だけで、ふわっとした縄編みのような模様が浮き上がってくるのが面白い。
ポンポンをつけない場合、トップはひらひらとした花のような形になります。
サイズを調節したいときは、針と糸の太さをかえるほうが模様が生きます。

→ **76** ページ

長い三角ショール

端のくるくるとした模様は、
模様編みを10段編んだあと、
数目ごとにねじりながら編んで出来るもの。
引き返して編むことで、増し目をせずに
三角形の編み地が出来ました。

→ **78**ページ

三角ショール

左ページと同じ要領で、サイズを小さくしました。
肩で結んだり、コートのえりもとから少し見せたり、
こんなふうに後ろで結んでも。
段染め糸ならロングピッチ
（色の変化の間隔が長めのもの）がおすすめです。

→ **80**ページ

ルームシューズ　大・小

ガーター編みだけで作るルームシューズ。
はき口をくるんとめくるだけで丸みのある形が出来るように、
いろいろ悩んで思いついたパターンです。
糸はソックヤーン（靴下用毛糸）の段染め糸がおすすめ。
子ども用は、足裏にすべり止めを貼ってもよいでしょう。

→ **82、83**ページ

ルームシューズの
サイズ調節について

・底の長さは大小それぞれ23.5cmと15cmに編んでいます。目数がかかと〜足首とはき口になり、段数が底の長さとはき口になります。

・「大」は大人用のフリーサイズですが、サイズが合わない場合は、針の号数を1〜2号かえて編むとよいでしょう。

フードつきマフラー

超極太の糸でざくざく編みました。
ポケットは1目ゴム編みとかのこ編み、
それ以外はすべてガーター編みです。
ポケットからもう一方のポケットまで
編んでいって、最後に両端と頭部をとじるだけ。
思わず声をかけたくなるデザインでしょ。
フードの先端にポンポンをつけても。

→ **75** ページ

L字の青いマフラー

三角ショール（p.28、29）と同じねじり模様のついたマフラー。
シンプルな編み地なので、ぜひロングピッチの段染め糸で編んで、ダイナミックに見せて。巻き方は自由です。
→ **84**ページ

ねじり模様だけでもアクセントになりますが、
うんと幅の広いL字の形にしたら、
巻き方次第で印象もいろいろに
かえられて楽しそう、と
思いついたデザインです。
気負わずにふわっと巻いて。

L字の3色ショール

ねじり模様の位置をかえた、ビッグサイズのショール。
ラフに巻くだけで、カラフルなコートを着ているよう。
小花が咲いたような模様が、きれいな陰影を作ります。

→ **86**ページ

はしご模様のひざかけ

はしごが横にいくつも並んだような
ユニークな編み地が出来ました。
サイズを大きくしてブランケットにしても。
とびきり触り心地のよい、
太めの糸で編みましょう。

→ **85** ページ

腹巻きスヌード

家では部屋着の上に「見せる腹巻き」として、
でもせっかくきれいな編み地だから外ではスヌードとして使いたい、2WAYのアイテム。
細かい模様は小さなリングを連ねたよう。
目数はゲージを参考に、体に沿わせてきつくなりすぎないよう、試しながら編んでください。

→ **88**ページ

A

B

三角模様のマフラー　A・B

三角形を組んだような模様を5回繰り返して編んでいきます。
赤い方は間に1目ゴム編みが入ることで両側がふくらんで見えるので、前で結んでリボンのようにしても。
緑は男性が巻いてもおしゃれです。

→ **89、90**ページ

2WAYカーディガン

上下をひっくり返して着ると、
雰囲気がずいぶんかわるユニークなカーディガン。
前後身ごろをとじた部分が、
右ページのように着方をかえると胸もとにくるので、
とじ目を生かすような糸を選んでも楽しそう。

→ **92**ページ

51

波形のネックウォーマー　青・赤

意外なほど首になじむネックウォーマー。
コットン糸などはさけて、伸縮の出やすいウール100％などの糸がおすすめ。
糸の色は単色か、段染めならロングピッチのものを選ぶと、模様が生きてきます。

→ **94、95**ページ

How to knit

◎基本の編み方は58ページから解説しています。

◎作品で使用している糸は、それぞれの作り方ページに記載しています。

◎作り方図の寸法の単位は、特にことわりがない限り、㎝です。

◎出来上がり寸法は平面に置いて測った寸法です。
伸縮する編み地の作品の場合も、
伸ばしていない状態で測っているので、
たとえばネックウォーマーなどは、
実際に身に着けるとある程度伸びてなじみます。
ゲージは出来上がり寸法から算出しています。

◎カーディガンやポンチョなどのウェアは
少し大きめ（Lサイズ程度）に作っています。
出来上がり寸法をメジャーで身体に当てるなど
してサイズが合うかをはじめに確認しましょう。
ジャストサイズで作りたい場合は、
１模様あたりの寸法を確認して、模様の数を増減して
調整するとよいでしょう。

編み始める前に

棒針について ＊本書の作品で使用したものを紹介しています。

棒針は、大きく分けて２本棒針、４本（または５本）棒針、輪針の３種類があります。一般にマフラーなど平らなものを往復に編む場合は２本棒針、ネックウォーマーなどぐるぐると輪に編む場合は４本棒針、輪針はそのどちらにも使えます。太さは号数で表示され、細い針から順に０〜15号、15号以上は㎜単位で表示され、７〜30㎜まであります。

針の実物大

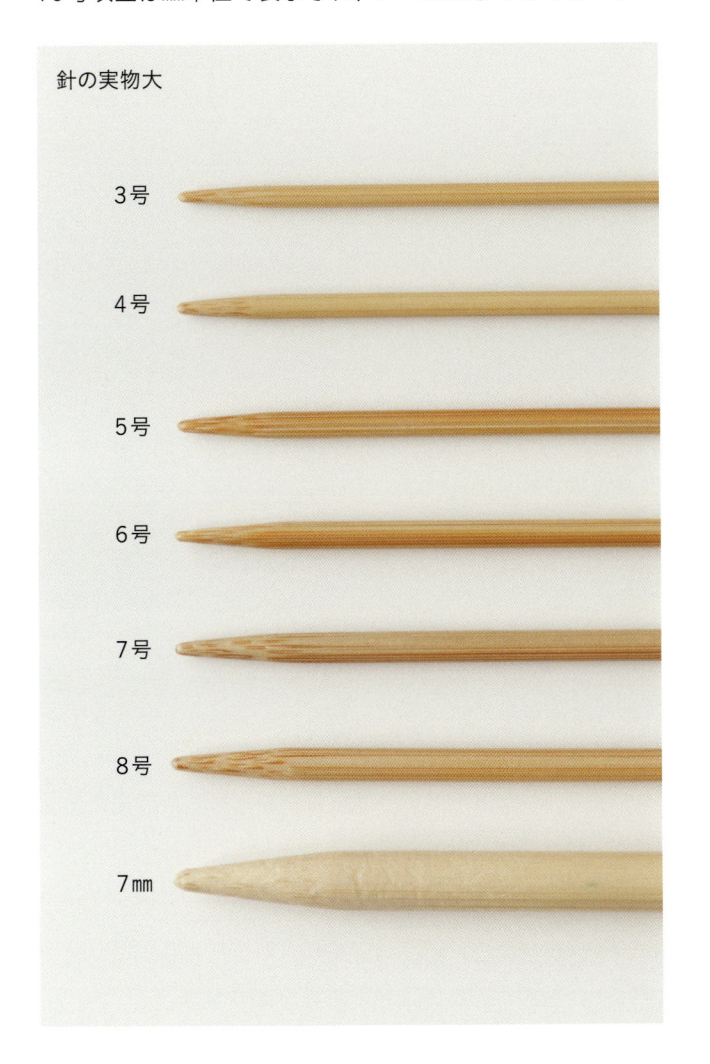

3号

4号

5号

6号

7号

8号

7mm

● 輪針

今回、多くの作品で使用している輪針。短い棒針の両端をコードでつないだ針で、基本的には輪編みのときに使いますが、２本棒針と同じ要領で往復に編むこともできます。長さは40㎝、60㎝など数種類ありますが、目と目の間が離れると編みづらいので、編む作品の幅と同程度か、少し短い針を使うとよいでしょう。針の材質には木、金属、竹、プラスティックなどいくつか種類がありますが、ここでは竹（①）またはスチール（②）製の針を使っています。針がつけかえられるものもあります。

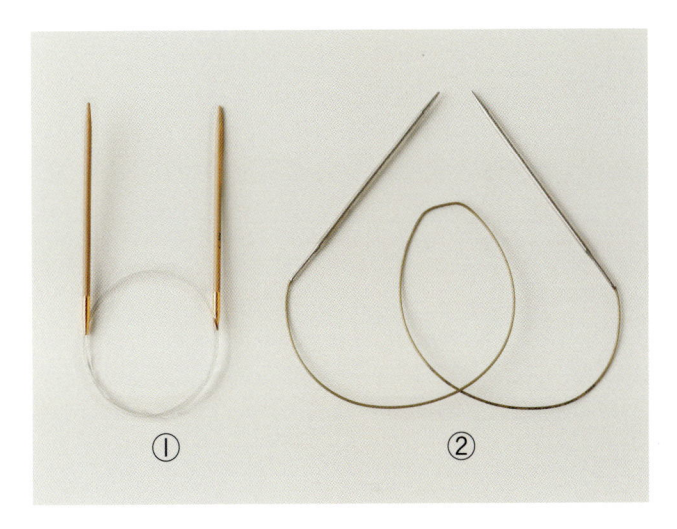

①   ②

● 玉付き２本棒針

片側に玉が付いていて、編み目が針から外れないようになっています。20㎝程度の短い針もあり、マフラーやルームシューズなど幅の狭いものを編むときは、短い針がおすすめです。

● ４本（または５本）棒針

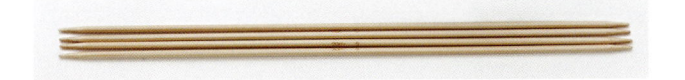

両側が針になっているので、どちら側からでも編むことができます。複数の針に１周分の糸をほぼ等分に渡らせて輪にして編みます。今回の本では、輪編みはすべて輪針で編むとしていますが、例えば２WAYカーディガンのそでぐりなど、小さな部分は４本棒針で編んでも。編みやすい方を選んでください。

糸について

この本の作品は編み地のパターンや形を生かすため、ストレート糸（太さやよりが均一なまっすぐの糸）で編んだ作品が多いので、初心者の方にも編みやすいものが多いです。はじめて編む方は、針にかけやすい並太以上のストレート糸で、色も編み目が見やすい明るめの糸（段染めでもよい）を選んで編むのがおすすめです。

糸の太さ（実物大）と適した棒針の号数

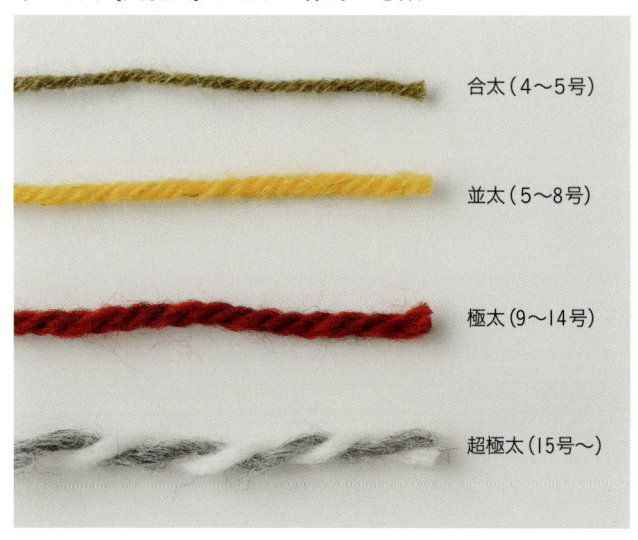

合太（4〜5号）

並太（5〜8号）

極太（9〜14号）

超極太（15号〜）

＊このほかに極細、中細などより細い糸もあります。また、適合針の号数は目安であり、メーカーなどによって表記に若干の違いがあります。
＊作品によっては、あえて適合外の太さの針で編む場合もあります。

ラベルの見方 ＊糸についたラベルの情報が編むときのヒントになります。

① 糸の名称

② 糸の素材

③ 1玉あたりの重さと糸の長さ…作品使用糸の必要量を計算する際に役立つ。

④ 標準ゲージ…棒針はメリヤス編み、かぎ針は長編みを適合針で編んだときのゲージの目安。

⑤ 適合針の号数の目安

⑥ 洗濯やアイロンをかけるときの方法や注意点

⑦ 色番号とロット…ロットとは染色したときの釜の番号。同じ色番号でも、ロットが違うと色の度合いがかわることがあるため、複数の糸玉が必要なときは同じロットの糸を選ぶ。

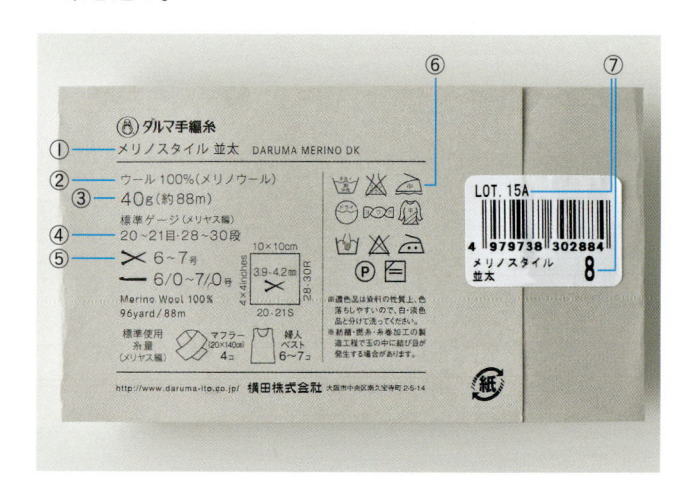

用具について

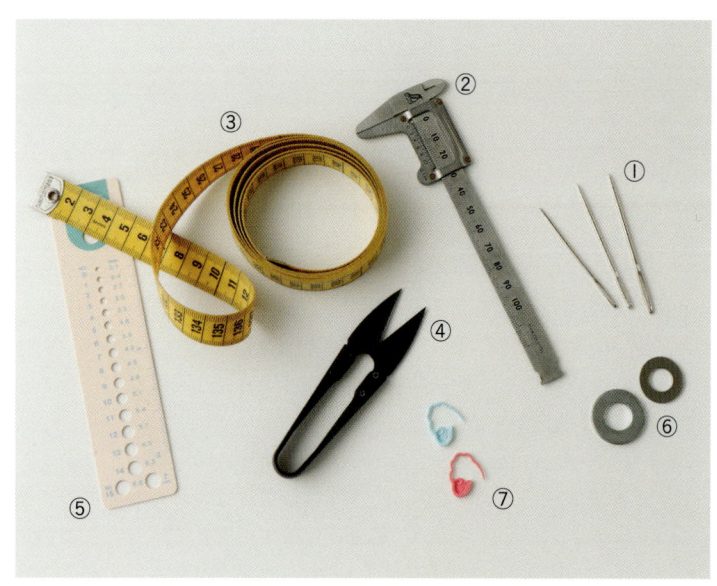

＊このほかに、ソックス用すべり止め、アイロン、アイロン台など。

① 毛糸用とじ針…先が丸い針。糸端を始末するときや編み地をとじはぎするときに使う。

②、③ 定規、メジャー…ゲージや編んだものの長さを測るときに使う。

④ 糸切りばさみ…糸端のカットに。手芸用はさみでも可。

⑤ 棒針ゲージ…棒針の号数がわからなくなったときに針を穴に入れて太さを測るためのもの。

⑥ ワッシャー（座金）…ポンポンを作るときに使用。大きいサイズを作りたいときは、63ページのように厚紙を使用する。

⑦ 段数マーカー…編み目につけて、目数や段数の目印として使う。模様編みの1模様分の目印にも。輪に編む場合は、段の1目めにつけると、編み始めの位置がわかって便利。

ゲージについて

ゲージとは、編み目の大きさのこと。同じ針と糸を使って編んでも、人の手によって編み目の大きさが違うことがあるため、作品に近いものができるよう、同じ編み方で約15cm角の編み地を作ります。ゲージは一般的には「横10cm、縦10cmが何目、何段で編まれているか」を目安に「○目×○段＝10cm角」で表示しています。「○目＝10cm」という表記の場合は、目数だけで示しているということです。
＊ゲージの編み地が目安になるので、そばに置いて見比べながら作品を編むとよいでしょう。

● きれいに編むために

針先で編むと目の大きさが安定せず、ばらつきが出てしまいます。編み目に針を入れるときは、針先ではなく針軸（同じ太さのところ）まで入れてから、糸をかけて引き出します。

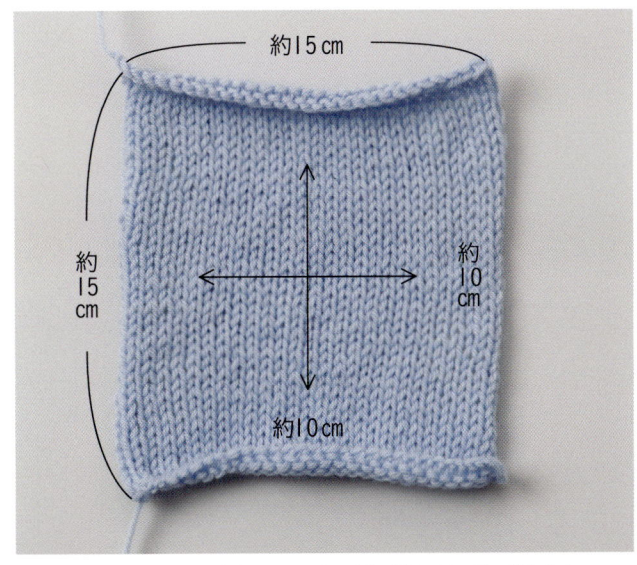

＊15cm四方くらい編んで、中央の10cm四方の寸法が測れると正確に測れます。

● ゲージの調整方法

針の太さを先に調整します。目数・段数がゲージの表示よりも多い場合は、編み上がりが出来上がり寸法よりも小さくなり、表示よりも少ない場合は、出来上がり寸法よりも大きくなります。表示より多い場合は、指定の針よりも1〜2号太めの針で、表示より少ない場合は細めの針で編みましょう。

編み方記号図の見方

記号図は編み地を表側から見た状態を表しています。いちばん下の横1列の数字は目数、右端の縦1列の数字は段数を表していて、右下の角が1目めになり、左方向に2目め、3目め、上方向に2段め、3段めと数えます。矢印は編む方向です。往復に編むか輪に編むかで、記号図の解釈（編み方）がかわります。

例：メリヤス編みを編む

● 輪に編む場合

筒状のものを輪に編むときは、常に編み地の表側を見て、表側（奇数段）、裏側（偶数段）ともに記号図通りに右から左に編みます。

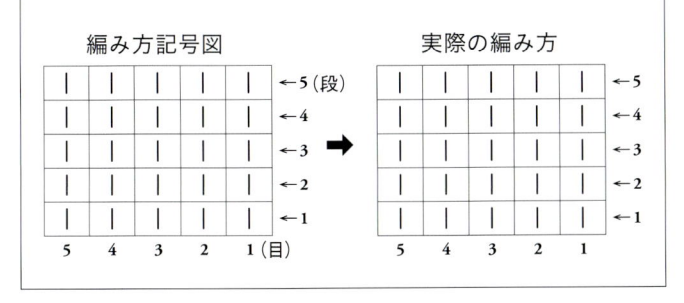

● 往復に編む場合

1段ごとに編み地の向きがかわります。向きがかわると、裏側から編んでいることになるため、記号図とは逆の目を編みます。つまり、表を見て編む段（奇数段）は記号図通りに、裏を見て編む段（偶数段）は、「表目」を「裏目」で、「裏目」は「表目」で編みます。

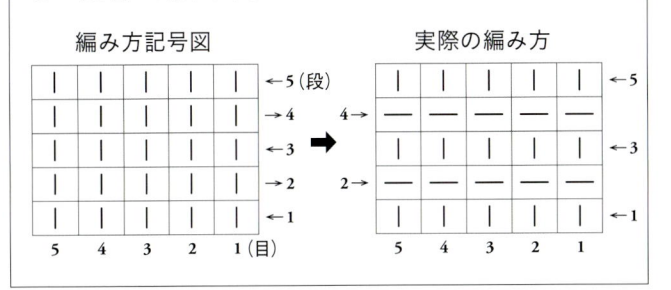

作り目と基本の編み方
一般的な作り目

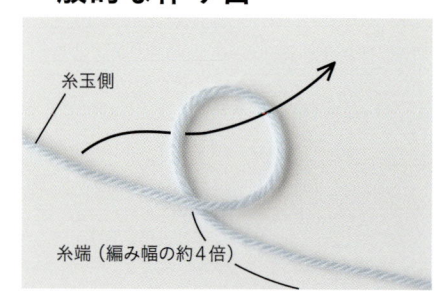

1 糸端から「編み幅の約4倍」のところで輪を作り、輪に指を入れて糸玉側の糸を引き出す。

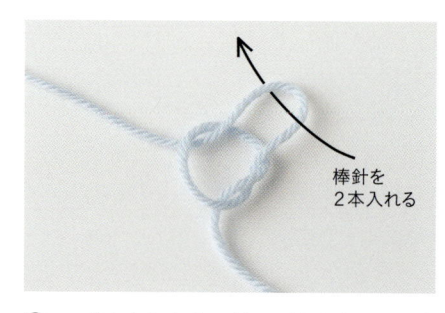

2 引き出した糸の輪に、棒針（以下、針）を2本入れる。

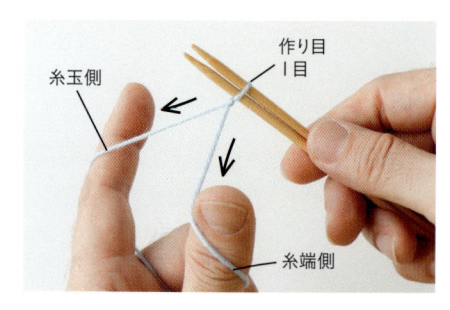

3 右手に針を持ち、2本の糸を中指、薬指、小指でにぎる。左手の指で糸を引き、**1**の輪を引き締める。

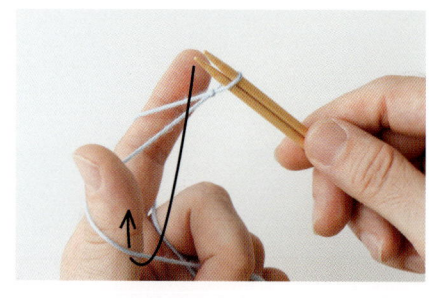

4 親指の手前の糸を、矢印のようにすくう。

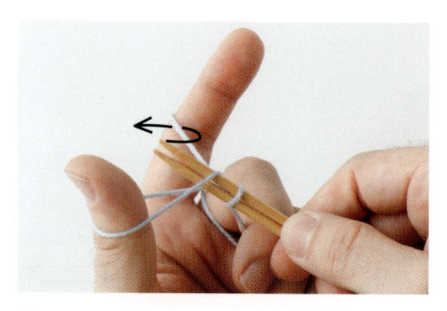

5 人さし指の糸を、矢印のように上からすくう。

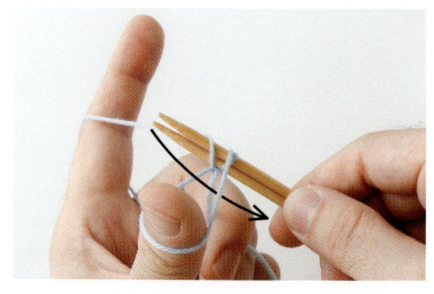

6 **5**でかけた糸を、親指の糸の輪にくぐらせる。

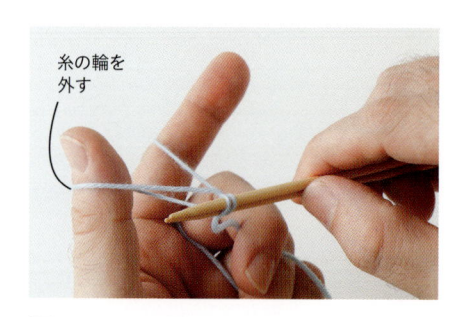

7 親指にかかっている糸の輪を外す。

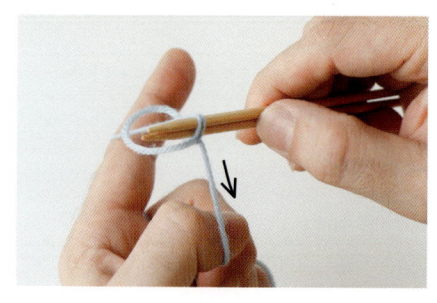

8 親指に糸をかけ直して引き締める。

9 作り目の2目めが出来た。

10 **4**〜**8**を繰り返し、必要目数を作る。

11 針を1本抜く。作り目が出来、1段めになる。

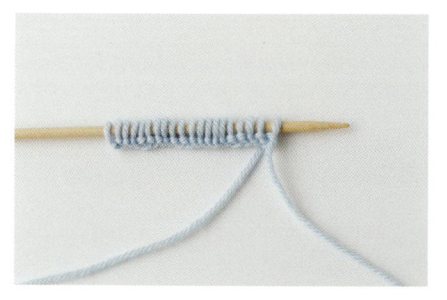

12 2段め以降、毎段、編み地の向きをかえるときは、**11**の針の向きをかえ、これを左手に持つ。

❘ 表目

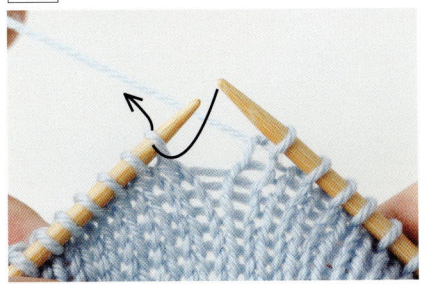

1 糸を向こう側に置き、手前から右針を入れる。

2 右針に糸をかける。

3 目から糸を引き出す。

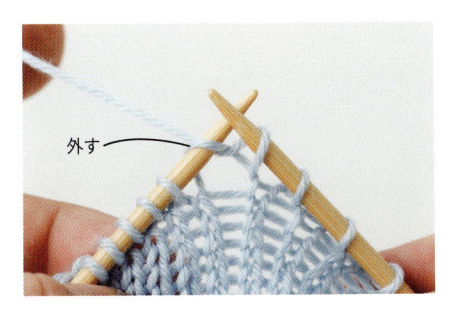

外す

4 左針から編んだ目を外す。

表目1目

5 表目1目が編めた。

─ 裏目

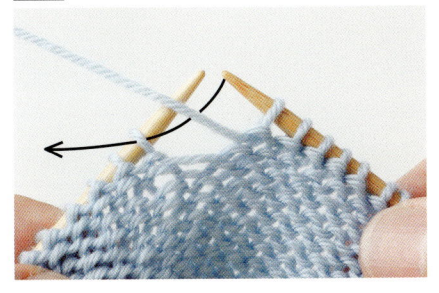

1 糸を手前に置き、向こう側から右針を入れる。

2 右針に糸をかける。

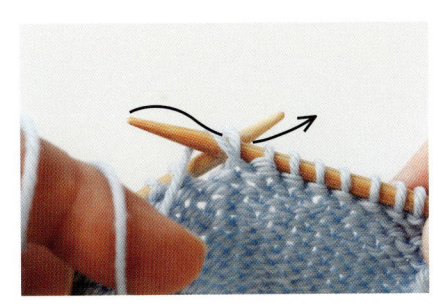

3 目から糸を引き出す。

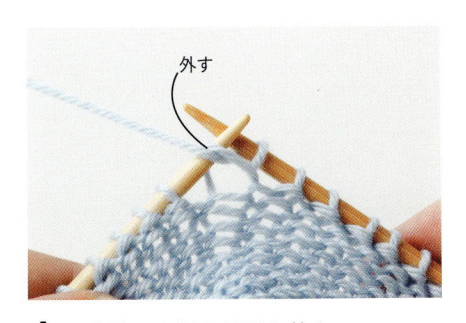

外す

4 左針から編んだ目を外す。

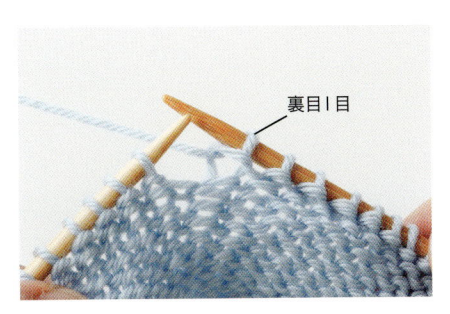

裏目1目

5 裏目1目が編めた。

● 表目の伏せ目

1 59ページを参照し、表目を2目編む。

2 1目めに左針を入れる。

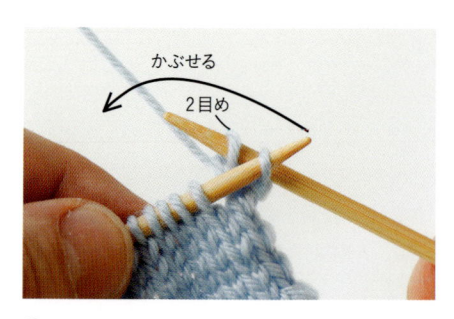

3 1目めを2目めにかぶせる。

4 かぶせた1目めを左針から外す。

5 伏せ目が1目出来た。3目めを表目で編む。

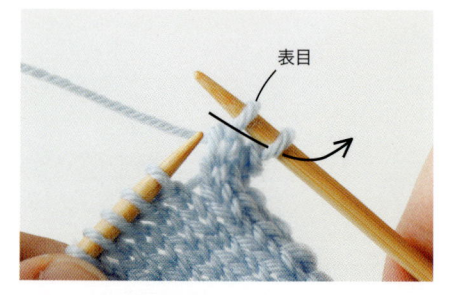

6 右の目に左針を入れる。

7 右の目を左の目（3目め）にかぶせる。

8 かぶせた目を左針から外す。伏せ目が2目出来た。

9 5〜8を繰り返す。

編み終わり

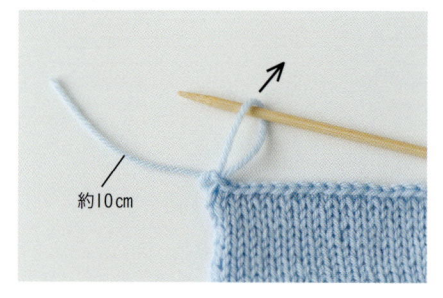

1 糸端を約10cm残してカットし、針にかかった糸の輪を広げ、そのまま糸端を引き出す。

2 針が外れ、指定の編み地が編めた。

糸の始末

  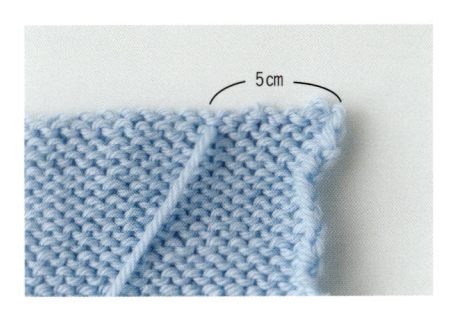

1 糸端をとじ針に通し、編み地の裏の目に糸をくぐらせる。

2 編み地の裏で、編み目に沿って糸1本ずつ**1**とは逆の向きに針を通す。

3 **1**、**2**を繰り返し、5cmぐらい通したら余分をカットする。

すくいとじ ※わかりやすいように、糸の色をかえています。

メリヤス編みの場合

1 とじ針に糸を通し、編み地を外表に突き合わせ、端の目と2目めの間の渡り糸を、1本ずつ交互にすくう。

2 **1**を繰り返す。わかりやすいように、とじる糸を渡しているが、実際には毎回、糸を引く。

3 すくいとじが出来た（端の目は編み地の裏になり、とじ糸は見えない）。

ガーター編みの場合

1 とじ針に糸を通し、編み地を外表に突き合わせ、端の編み目の横向きの糸1本を、左右交互にすくう。

2 **1**を繰り返す。わかりやすいように、とじる糸を渡しているが、実際には毎回、糸を引く。

3 すくいとじが出来た（端の目は突き合わせで、とじ糸が見える）。

ねじりA ※三角ショール（28、29ページ）、L字のマフラー、ショール（37、40ページ）で使う編み方です。

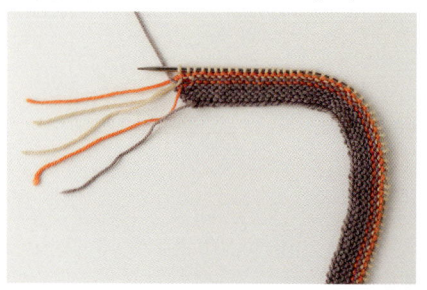  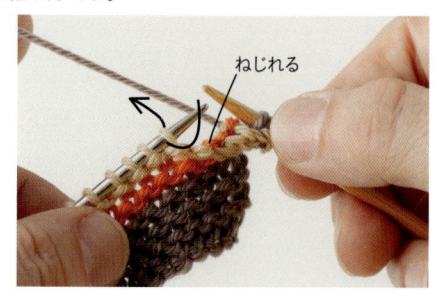

1 ガーター編みのしま（L字の3色ショール）を10段編んだところ。編む糸以外の糸端を始末する。

2 11段め。表目を3目編み、左針にかかっている編み地を1回転する。

3 3目めと4目めの間がねじれた。次に表目を8目編む。

 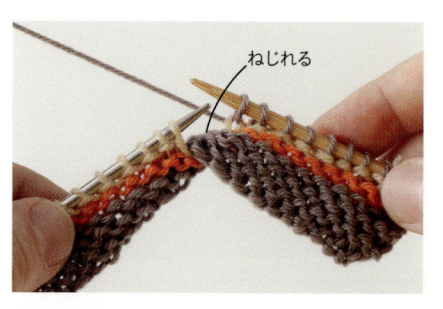 

4 左針にかかっている編み地を、**2**と同様に1回転する。

5 11目めと12目めの間がねじれた。

6 **3**〜**5**を繰り返す。

ねじりB ※ひとねじりしたロングスヌード（13ページ）の編み方です。わかりやすいように糸をかえ、目数を減らしています。

 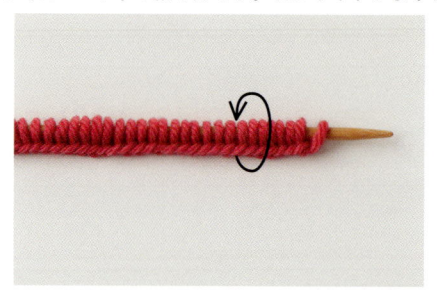 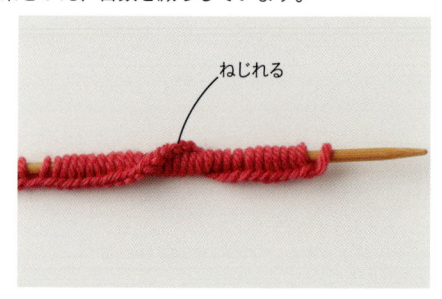

1 一般的な作り目をし（1段め）、針1本を外して輪の状態にする。

2 2段めを編む前に、左針の作り目を1回転する。

3 作り目がねじれた。

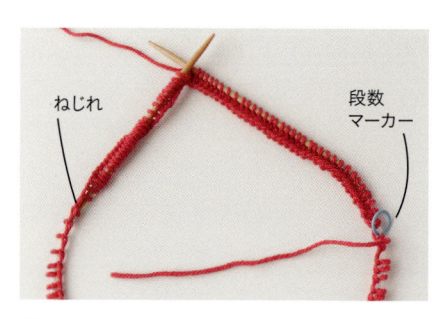 

4 1目めに段数マーカーで印をつけ、2段めを編む。

5 数段編むと、ねじれがわかりやすくなる。

ポンポンの作り方

下準備

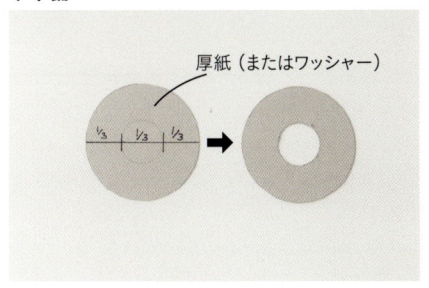

厚紙（またはワッシャー）

厚紙にポンポンの出来上がりサイズの円を描き、中心に直径の$\frac{1}{3}$の円を描いてカットする。同じものを2枚用意する。

作り方

厚紙2枚

1 下準備した厚紙2枚を重ねる。適度な長さにカットした糸を4本どりにし、厚紙に巻きつける。

2 **1**を何回か繰り返し、中心の穴がふさがるまで糸を巻きつける（穴が小さくなって指で通せなくなったら、とじ針に通して巻きつける）。

3 厚紙2枚の間にはさみを入れ、糸をカットする。

4 カットしたところ。

5 厚紙2枚の間に糸を通して1回結び、さらにぐるりと糸を巻きつけ、2回しっかり結ぶ。

6 厚紙を破いて2枚とも外す（ワッシャーを使う場合は抜き取る）。

7 飛び出た糸をはさみでカットし、丸い形に整える。

8 ポンポンの出来上がり。

ロングスヌード／ひとねじりしたロングスヌード　11、13ページ

- **●出来上がり寸法**　幅13cm　長さ142cmの輪
- **●ゲージ**　模様編み　19目×70段＝10cm角
- **●材料**　合太程度の段染め糸 (内藤商事／エブリデイカラフル)
  ロングスヌード　青〜緑系 (315)…210g
  ひとねじりしたロングスヌード
  　　　　オレンジ色〜赤系 (314)…210g
- **●用具**　8号100cm輪針　そのほかに、段数マーカー、とじ針など

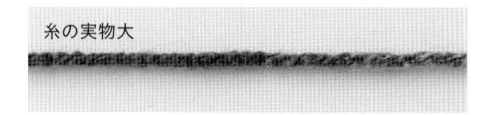

糸の実物大

- **●編み方**　糸は1本どり。
- **1** 一般的な作り目で270目を作る (1段め)。2段め以降は輪にし、模様編みを91段めまで増減なく編む。ひとねじりしたロングスヌードは、62ページの「ねじりB」を参照し、作り目を1回ねじり、2段め以降は輪にして同様に模様編みを91段めまで増減なく編む。
- **2** 編み終わりは表目の伏せ目をし、最初の伏せ目にチェーンつなぎ (65ページ参照) をする。

POINT
輪に編む作品はほかもそうですが、1目めに段数マーカーをつけて編むと、段の始めがわかりやすいです。ねじらない方のスヌードは、1段めを編んだらいったん目の向きをそろえて、目がねじれていないか確認してから編むようにしましょう。

製図

伏せ目

わ

ロングスヌード
模様編み

わ

13
(91段)

――― 142 (270目) 作って輪にする ―――

ひとねじりしたロングスヌード　模様編み

伏せ目

わ　　　　　　　　　　　　　　　　　わ

13
(91段)

――― 142 (270目) 作り、ねじってから輪にする ―――

編み方記号図

最初の伏せ目にチェーンつなぎをする

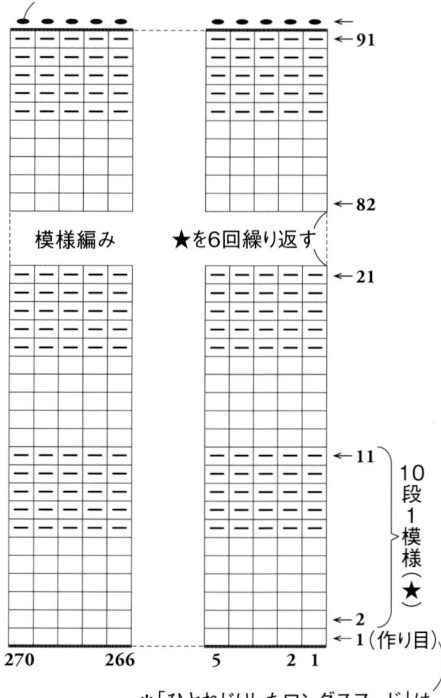

←91

←82

模様編み　　　★を6回繰り返す

←21

←11

←2
←1 (作り目)

270　266　　　5　2　1

10段1模様 (★)

*「ひとねじりしたロングスヌード」は作り目をねじり、2段め以降は輪に編む (62ページの写真参照)

☐ = |　表目

― = 裏目

● = 表目の伏せ目

星形のネックウォーマー 6ページ

- ●**出来上がり寸法**　首回り36cm　丈36cm
- ●**ゲージ**　模様編みA、B　24目=10cm
  　　　　　2目ゴム編み　40目×31段=10cm角
- ●**材料**　合太程度のストレート糸（DARUMA／空気をまぜ
  　　　　て糸にしたウールアルパカ）
  　　　　グレー（7）…55g　うぐいす色（4）…45g
- ●**用具**　5号60cm輪針　そのほかに、段数マーカー、とじ針
  　　　　など

糸の実物大

●**編み方**　糸は1本どり。指定の糸で編む。

1 グレーの糸を使い、一般的な作り目で144目を作る（1段め）。
66、67ページの編み方記号図を参照し、2段め以降は輪に
して模様編みAを40段めまで増減なく編み、続けて2目ゴム
編みを33段編む。1目めに段数マーカーをつけて編むと、段
の始めがわかりやすい。

2 うぐいす色の糸にかえ、2目ゴム編みを12段、模様編みB
を39段編む。

3 編み終わりは表目の伏せ目をし、最初の伏せ目にチェーンつ
なぎ（下記参照）をする。

POINT

模様編みのAとBは同じ編み方ですが、パターンの位置をずら
すことでアシンメトリーの模様を作っています。伏せ目はきつ
くなりすぎないよう注意し、きつくなりそうな場合は針の号数
を1～2号太くしてもよいでしょう。

製図

60（144目=3模様）

伏せ目

模様編みB
うぐいす色

13
（39段）

8.5
（39段）

2目ゴム編み
うぐいす色

4
（12段）

2目ゴム編み
グレー

10.5
（33段）

36

36（144目）

わ

模様編みA
グレー

8.5
（40段）

わ

13
（40段）

60（144目=3模様）作って輪にする

チェーンつなぎ

とじ針

1 とじ針に糸端を通し、棒針を外して
伏せ目の最後の目（♥）に通す。

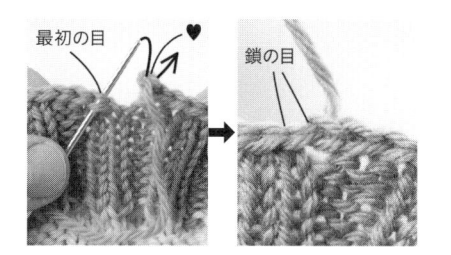

最初の目

鎖の目

2 最初の伏せ目に手前から針を入れ、
最後の伏せ目（♥）に表側から針を
入れる。糸を引いて鎖の目を作る。
最初と最後の目がつながった。

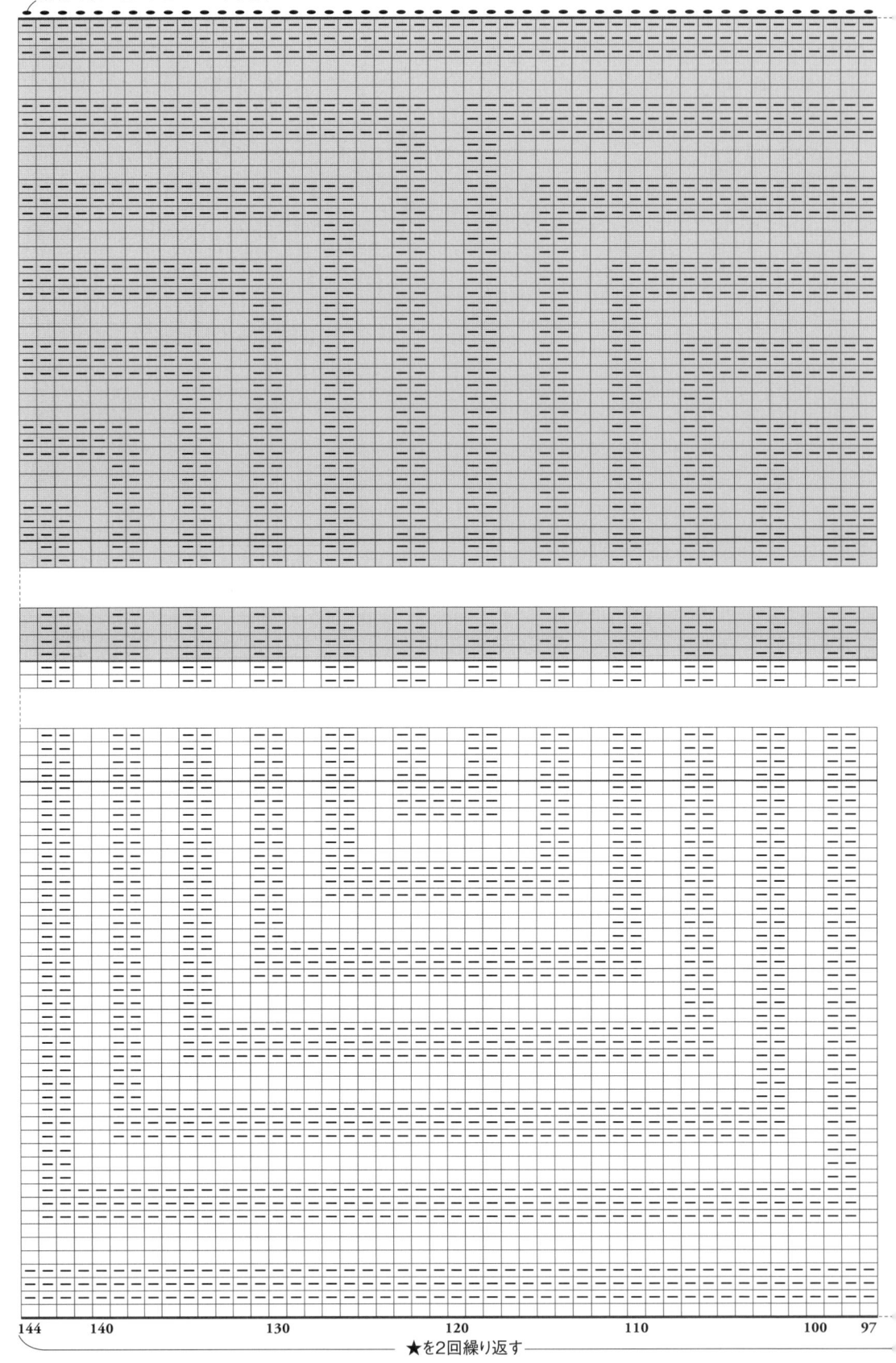

最初の伏せ目にチェーンつなぎをする

編み方記号図

□ ▨ = │ 表目

— = 裏目

● = 表目の伏せ目

144　140　130　120　110　100　97

★を2回繰り返す

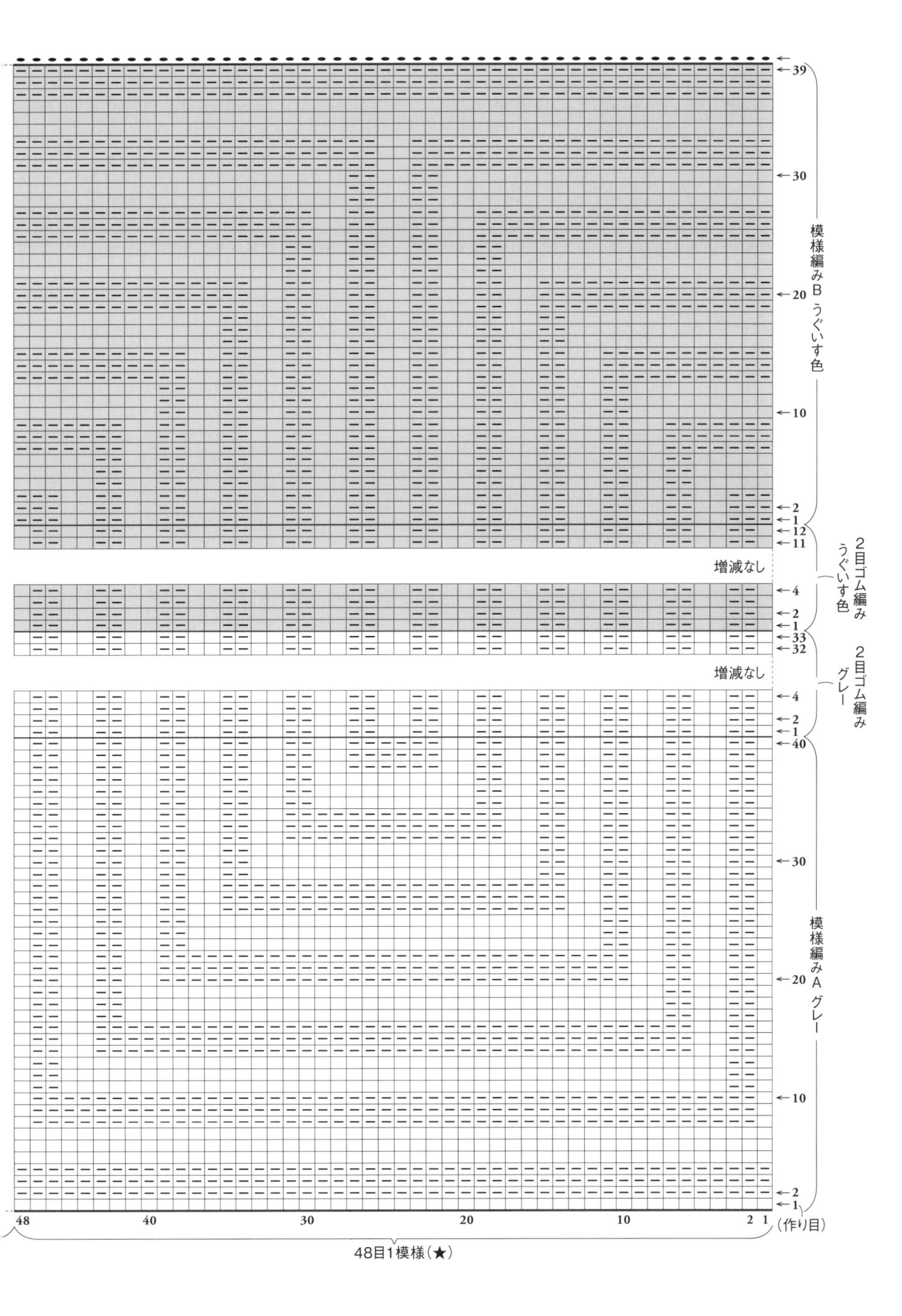

模様編みB うぐいす色

←39

←30

←20

←10

←2
←1
←12
←11

増減なし

2目ゴム編み　うぐいす色

←4
←2
←1
←33
←32

増減なし

2目ゴム編み　グレー

←4
←2
←1
←40

模様編みA　グレー

←30

←20

←10

←2
←1

48　　　40　　　　30　　　　20　　　　10　　　2 1　（作り目）

48目1模様（★）

花びらえりのネックウォーマー 14ページ

●**出来上がり寸法** 首回り36cm 丈23cm
●**ゲージ** 模様編み 26.5目＝10cm
 2目ゴム編み 40目×31段＝10cm角
●**材料** 中細程度の段染め糸 (パピー/レッチェ)
 赤系 (411) … 45g
●**用具** 5号40cm輪針 そのほかに、段数マーカー、とじ針など

糸の実物大
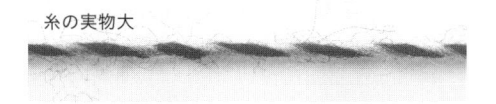

●**編み方** 糸は1本どり。
1 一般的な作り目で144目を作る (1段め)。2段め以降は輪にして模様編みを22段めまで増減なく編み、続けて2目ゴム編みを53段編む。1目めに段数マーカーをつけて編むと、段の始めがわかりやすい。
2 編み終わりは表目の伏せ目をし、最初の伏せ目にチェーンつなぎ (65ページ参照) をする。

> **POINT**
> 作品は花びらのような形が6つ出来るように編んでいますが、実際に着けると、置いた状態よりも横に伸びてカーブがゆるやかになります。形をしっかりめに出したい場合は伸縮性のあるウールなどの糸で編むとよいでしょう。

編み方記号図

最初の伏せ目にチェーンつなぎをする

```
= 表目

― = 裏目

● = 表目の伏せ目
```

144 140 130 120 112

★を5回繰り返す

製図

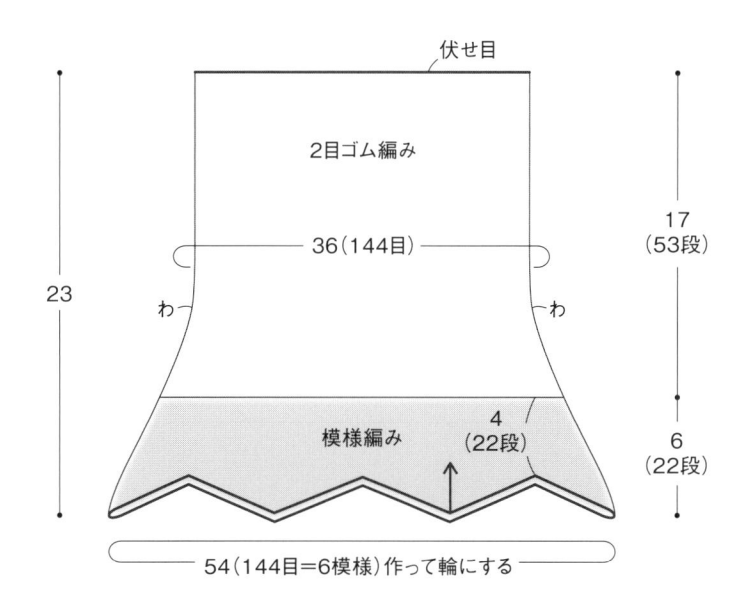

伏せ目

2目ゴム編み

36（144目）

わ　　　わ

23

17
（53段）

模様編み

4
（22段）

6
（22段）

54（144目＝6模様）作って輪にする

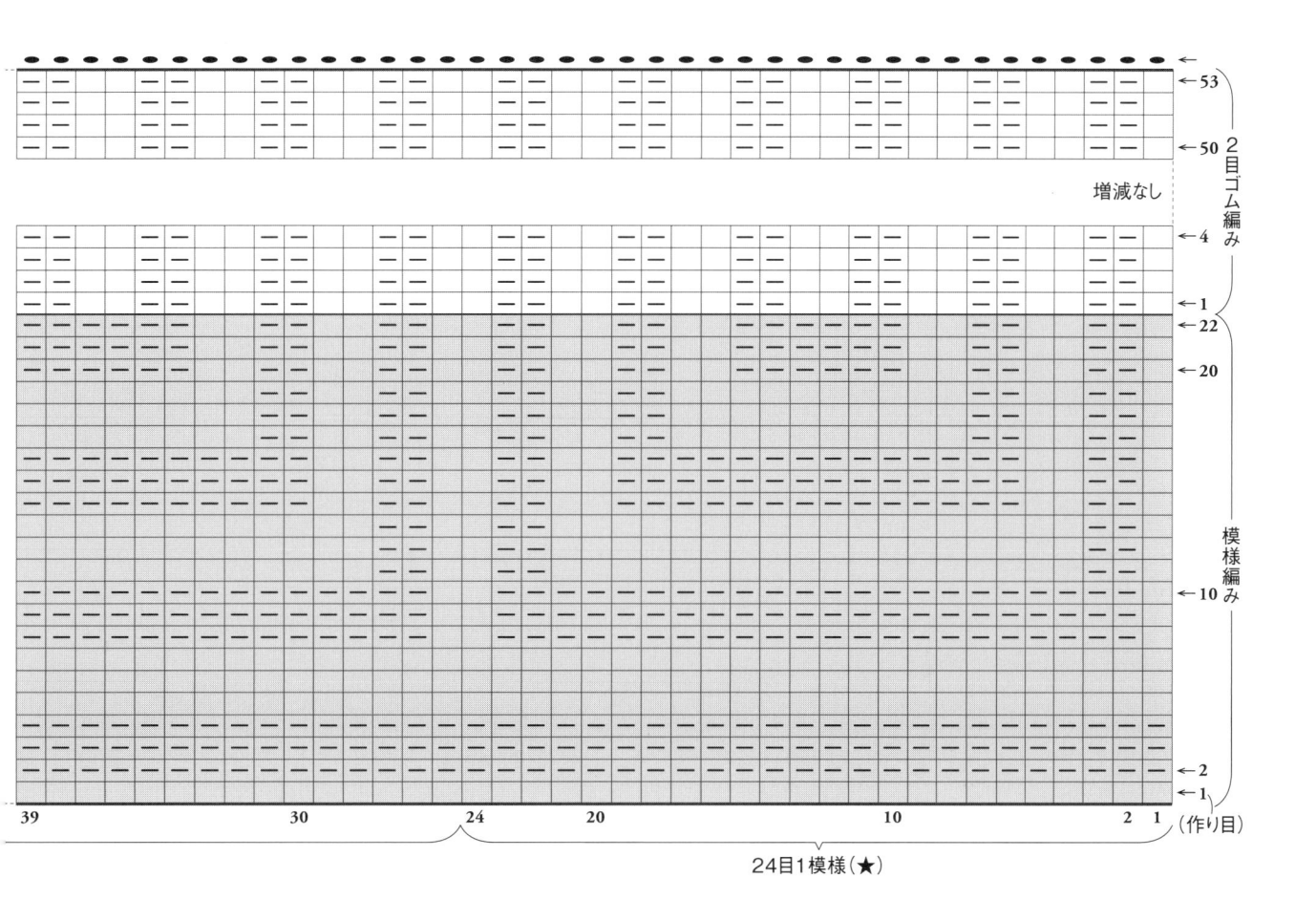

増減なし

2目ゴム編み

模様編み

←53

←50

←4

←1

←22

←20

←10

←2

←1

39　　　30　　　24　　　20　　　10　　　2　1　（作り目）

24目1模様（★）

69

ジグザグ模様のスヌード　19ページ

- **●出来上がり寸法**　周囲83.5cm　丈44cm
- **●ゲージ**　模様編み　22目×32段＝10cm角
- **●材料**　並太程度のストレート糸（パピー／シェットランド）
  黄色（54）…250g
- **●用具**　6号60cm輪針　そのほかに、段数マーカー、とじ針
  など

糸の実物大

●編み方　糸は1本どり。

1 一般的な作り目で184目を作る（1段め）。2段め以降は輪に
し、模様編みを142段めまで増減なく編む。1目めに段数マ
ーカーをつけて編むと、段の始めがわかりやすい。

2 編み終わりは表目の伏せ目をし、最初の伏せ目にチェーンつ
なぎ（65ページ参照）をする。

製図

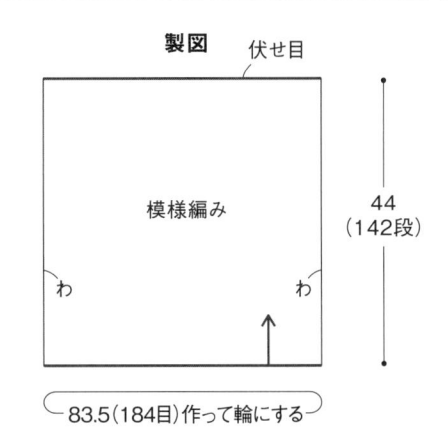

伏せ目

模様編み

44
(142段)

わ　　　　わ

83.5(184目)作って輪にする

編み方記号図

最初の伏せ目にチェーンつなぎをする

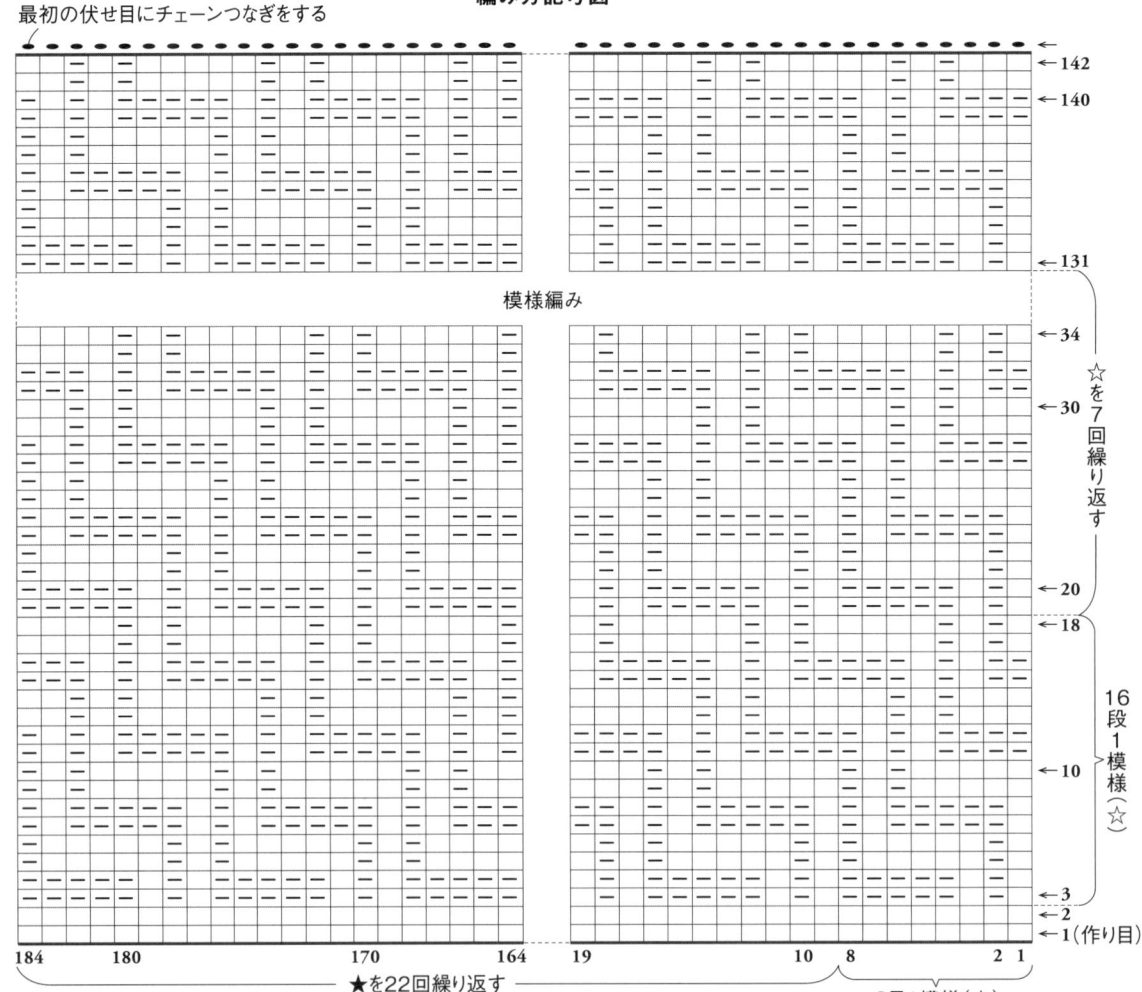

模様編み

←142
←140

←131

←34

←30

←20
←18

←10

←3
←2
←1(作り目)

☆を7回繰り返す

16段1模様（☆）

□＝□ 表目

─＝裏目

●＝表目の伏せ目

184　180　　　170　164　　19　　10　8　　2 1

★を22回繰り返す

8目1模様（★）

宇宙人ふうの帽子 17ページ

- **●出来上がり寸法** 首回り36cm 丈47.5cm
- **●ゲージ** 模様編みA　26.5目＝10cm
  模様編みB　24目×47段＝10cm角
  2目ゴム編み　40目×31段＝10cm角
- **●材料** 中細程度の段染め糸（パピー／レッチェ）
  黄色〜青系（413）… 100g
- **●用具** 5号40cm輪針　そのほかに、4/0号かぎ針（かぶせ引き抜きはぎ用）、厚紙（ポンポン用）、段数マーカー、とじ針など

糸の実物大

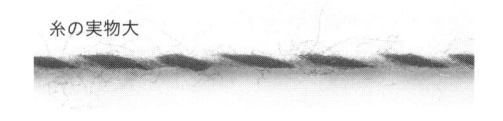

●編み方　糸は1本どり。

1　一般的な作り目で144目を作る（1段め）。72、73ページの編み方記号図を参照し、2段め以降は輪にして模様編みAを22段めまで増減なく編む。

2　2目ゴム編みを27段編む。

3　模様編みBと2目ゴム編みは、毎段、編み地の向きをかえて103段を編み、編み終わりは針にかけたまま休み目にする。

4　模様編みBの休み目69目ずつを中表に合わせ、かぶせ引き抜きはぎをする。

5　4の糸をとじ針に通し、2目ゴム編みの休み目6目に通して絞る。あき止まりどうしをとじ針で1針留める。

6　直径4cmのポンポンを作り（63ページ参照）、5にとじつける。

POINT

すべて輪で編みますが、2目ゴム編みまで編んだら、そのあとは輪ではなく往復に編んでいくので注意しましょう。模様編みBと2目ゴム編みの比率を少しずつかえながら編むことで、三角を3つつなげたような形の帽子が出来ます。休み目にした中央の6目はしっかり絞りましょう。

かぶせ引き抜きはぎ

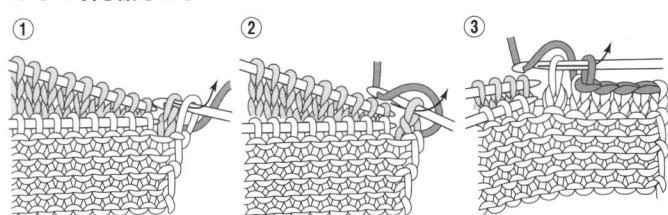

① 手前の編み地の1目と奥の編み地の1目にかぎ針を入れ、奥の目を引き出す

② 糸をかぎ針にかけ、①の目から引き出す

③ ①のように奥の目を手前の目から引き出し、かぎ針に糸をかけて2目を一度に引き抜く

製図

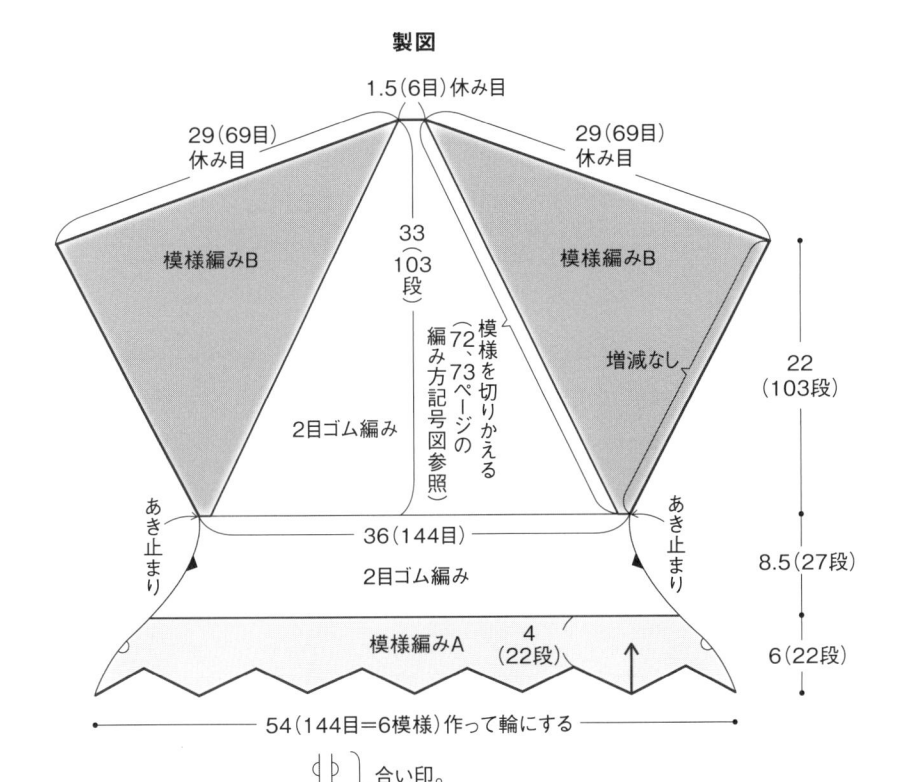

仕上げ方

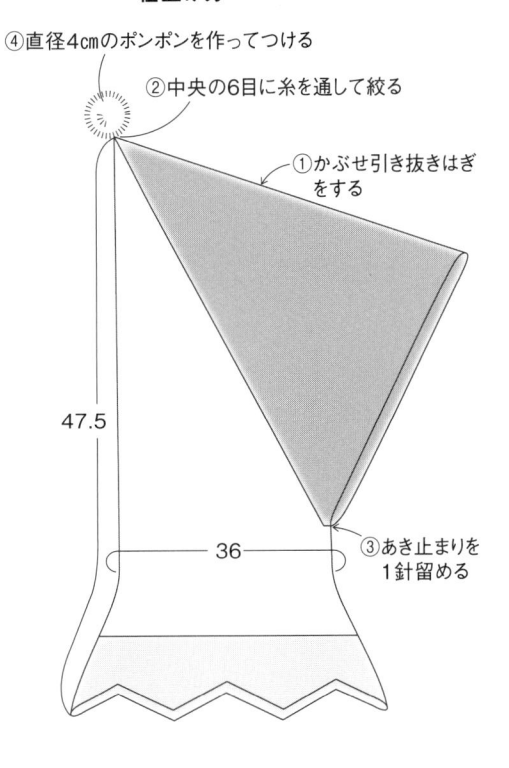

編み方記号図

模様編みB

2目ゴム編み

□ □ ■ ＝ □ 表目
― ＝裏目

144　140　　　130　　　120　　　110　　　100　　　90　　　80　　74

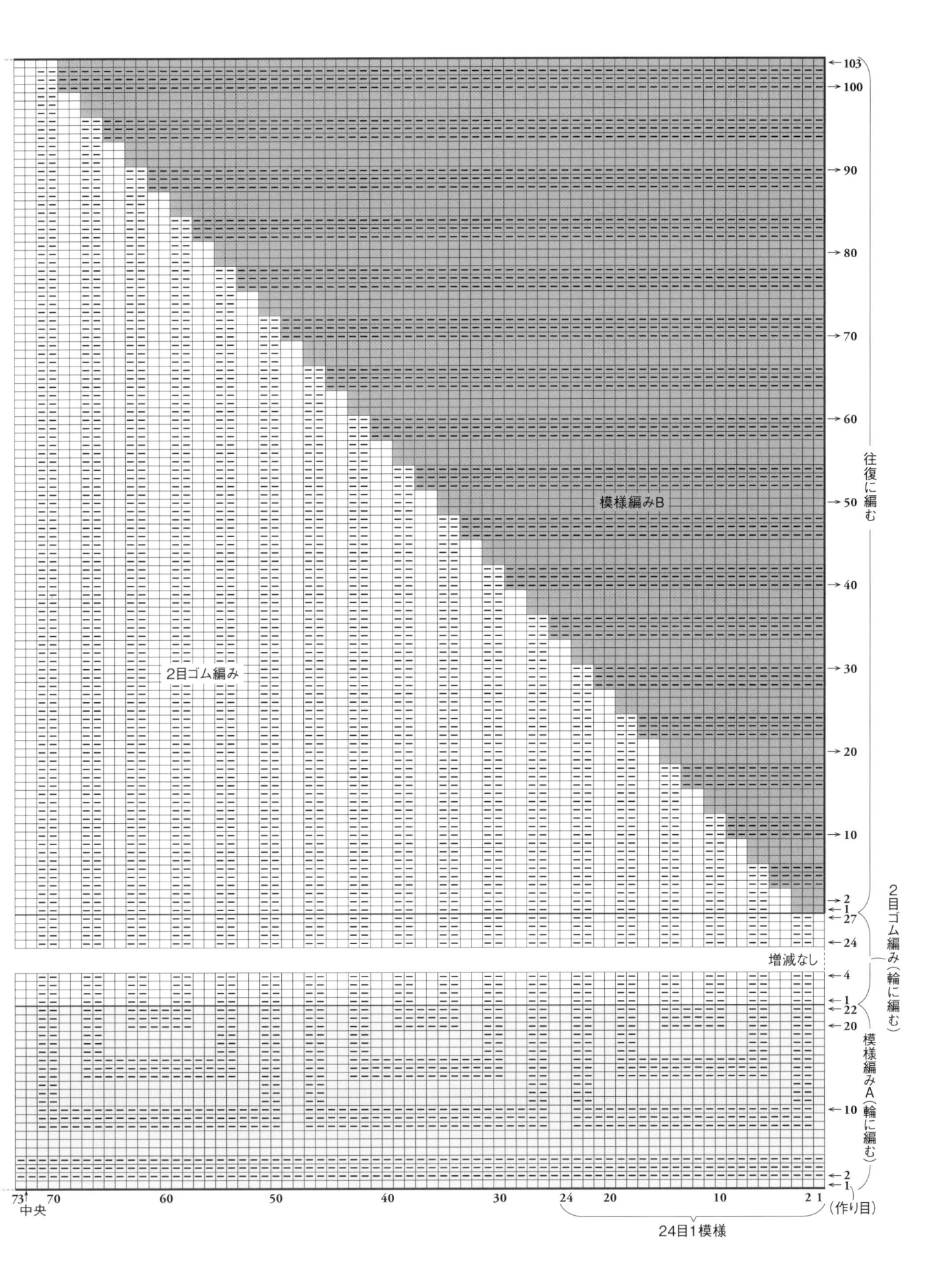

模様編みB

往復に編む

2目ゴム編み

2目ゴム編み（輪に編む）

模様編みA（輪に編む）

増減なし

103
100
90
80
70
60
50
40
30
20
10
2
1
27
24
4
1
22
20
10
2
1
（作り目）

73
中央
70
60
50
40
30
24
20
10
2 1

24目1模様

うね模様のポンチョ 22ページ

- ●**出来上がり寸法**　幅50cm　丈75cm
- ●**ゲージ**　模様編み　20目×26段＝10cm角
- ●**材料**　極太程度のストレート糸（オリムパス製絲／ツリーハウスグラウンド）　緑（306）… 480g
- ●**用具**　8号玉付き2本棒針　そのほかに、別糸（糸印用）、とじ針など

糸の実物大

- ●**編み方**　糸は1本どり。
1. 一般的な作り目で100目を作る（1段め）。2段め以降は毎段、編み地の向きをかえ、模様編みを392段めまで増減なく編む。途中、あき止まりの2か所に別糸で印をつけ、編み終わりは表目の伏せ目をする。
2. 仕上げ方を参照し、合い印どうし（▲）をすくいとじでとじる。

> **POINT**
> 目数が幅、段数が丈になります。サイズはやや大きめに設定しているので、小さくしたい方は模様ごとに目数と段数を調整するとよいでしょう。編み方記号図が読みにくいときは、編んでいる段より上に定規などを当てると読みやすくなります。

製図

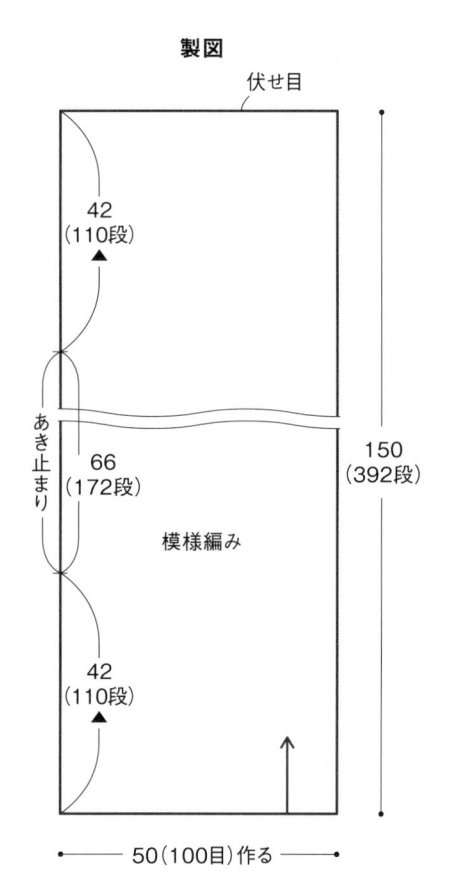

伏せ目

42（110段）▲

あき止まり

66（172段）

模様編み

42（110段）▲

150（392段）

50（100目）作る

仕上げ方

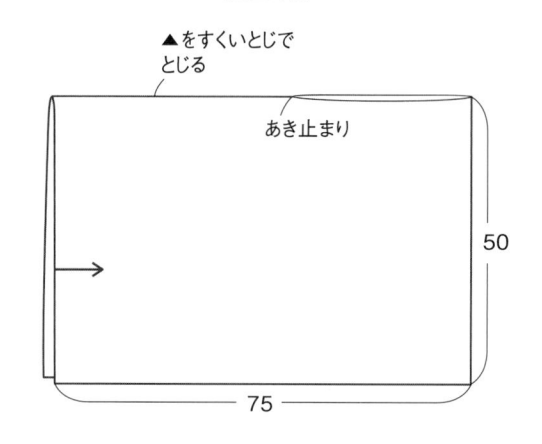

▲をすくいとじでとじる

あき止まり

50

75

編み方記号図

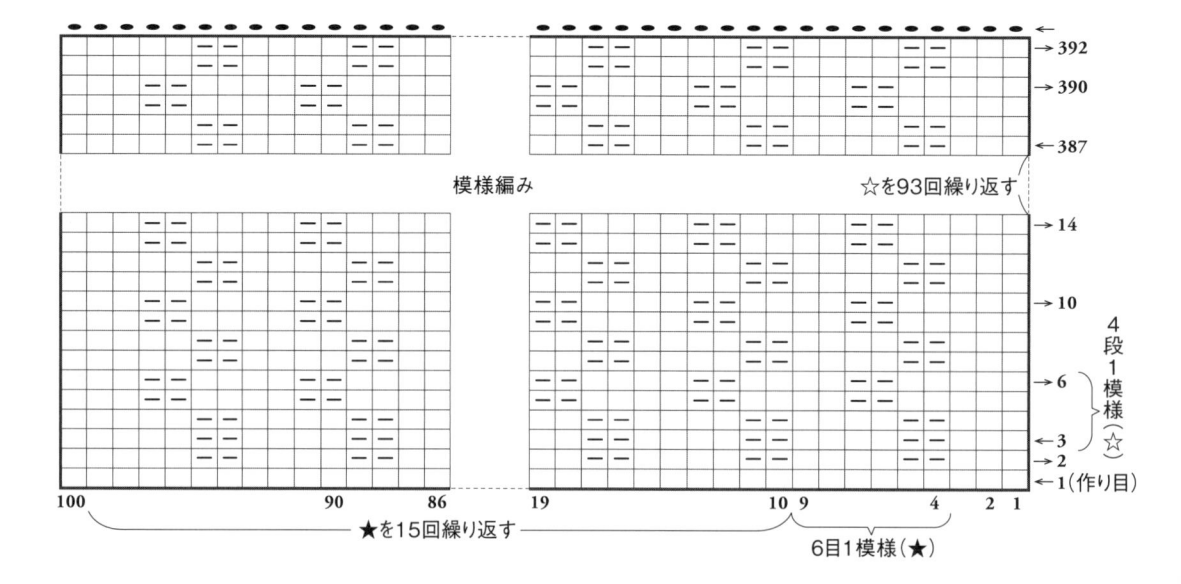

模様編み　☆を93回繰り返す

→392
→390
←387
→14
→10
→6
→3
→2
←1（作り目）

4段1模様（☆）

□＝|｜｜表目

—＝裏目

●＝表目の伏せ目

100　　90　86　　19　　10 9　　4　2 1

★を15回繰り返す

6目1模様（★）

フードつきマフラー　35ページ

- **●出来上がり寸法**　幅25cm　長さ94cm
- **●ゲージ**　かのこ編み　12.5目×24.5段＝10cm角
  ガーター編み　12.5目×23段＝10cm角
- **●材料**　超極太程度の変わり糸（DARUMA／コンビネーションウール）
  グレー×白（2）、黄土色×白（8）…各250g
- **●用具**　7mm玉付き2本棒針　そのほかに、とじ針など

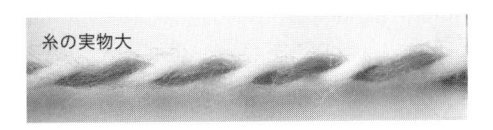
糸の実物大

- **●編み方**　糸は1本どり。指定の糸で編む。

1. グレー×白の糸を使い、一般的な作り目で31目を作る（1段め）。2段め以降は毎段、編み地の向きをかえ、「ポケット」を1目ゴム編みとかのこ編み、「マフラーとフード」をガーター編みで、それぞれ指定の段数を増減なく編む。

2. 黄土色×白の糸にかえ、「フードとマフラー」をガーター編み、「ポケット」をかのこ編みと1目ゴム編みで、それぞれ指定の段数を編む。編み終わりは裏側から表目の伏せ目をする。

3. 仕上げ方を参照し、中央の折り山から中表に二つ折りにし、すくいとじ（61ページ参照）をしてフードを作る。

4. ポケット（2か所）は、それぞれ折り山で外表に折り、両端をすくいとじで目がゆるまないようしっかりととじる。

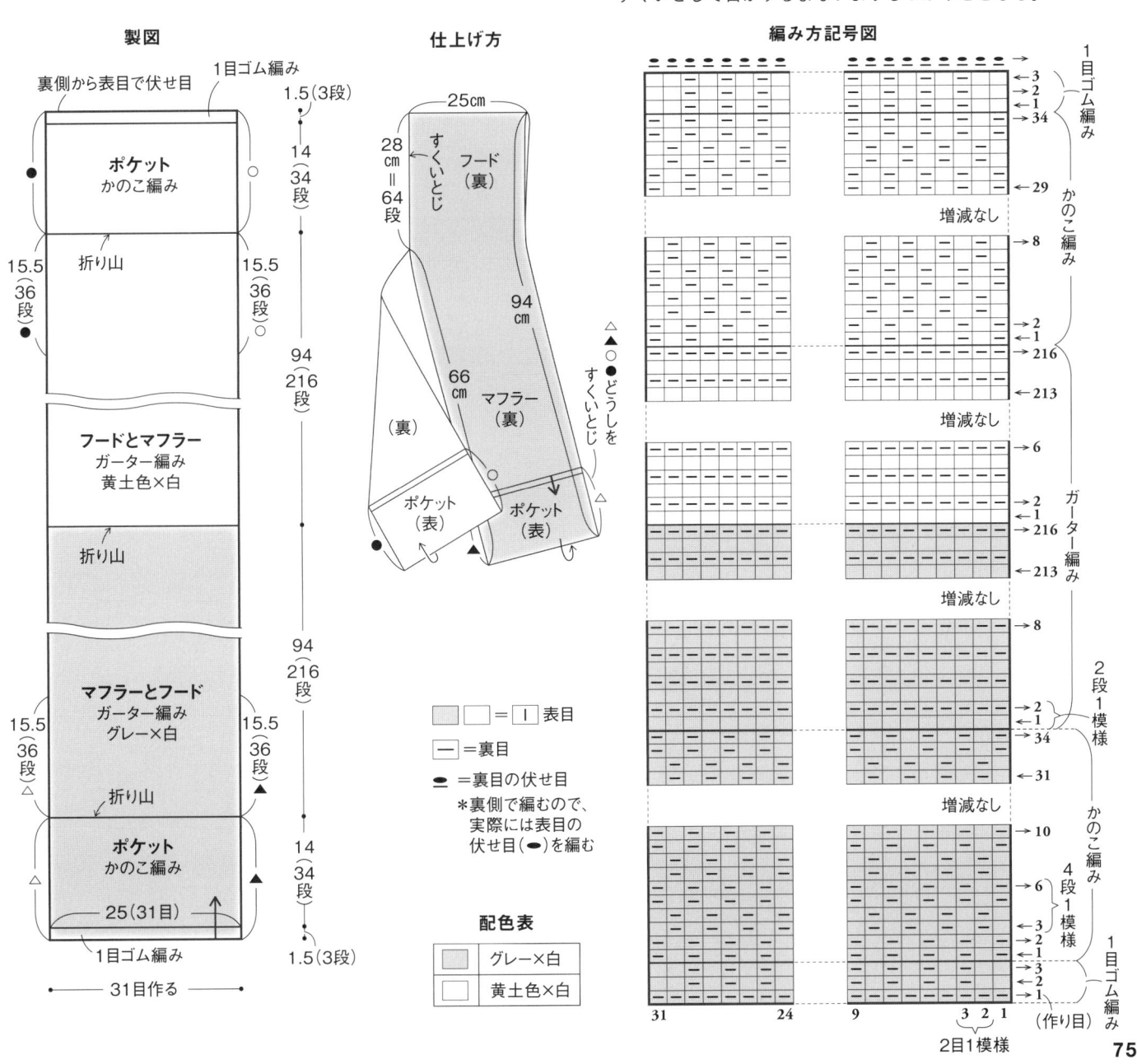

製図

仕上げ方

編み方記号図

□ = □ 表目

─ = 裏目

● = 裏目の伏せ目
*裏側で編むので、実際には表目の伏せ目（●）を編む

配色表
	グレー×白
	黄土色×白

縄編みふうの帽子 青・赤 25ページ

- **●出来上がり寸法** 頭回り55.5cm　深さ17cm
- **●ゲージ** 模様編み　18目×29段＝10cm角
- **●材料** 並太程度の段染め糸（内藤商事／エクアドル）
  青 青系（110）、**赤** 赤系（111）… 各55g
- **●用具** 6号60cm輪針　そのほかに、厚紙（青のポンポン用）、段数マーカー、とじ針など

糸の実物大

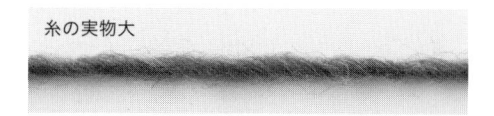

●編み方 糸は1本どり。

1 一般的な作り目で100目を作る（1段め）。2段め以降は輪にし、模様編みを38段めまで増減なく編む。

2 2目ゴム編みを10段編み、編み終わりは表目の伏せ目をし、最初の伏せ目にチェーンつなぎ（65ページ参照）をする。

3 仕上げ方を参照し、①〜④の順に作る。

製図

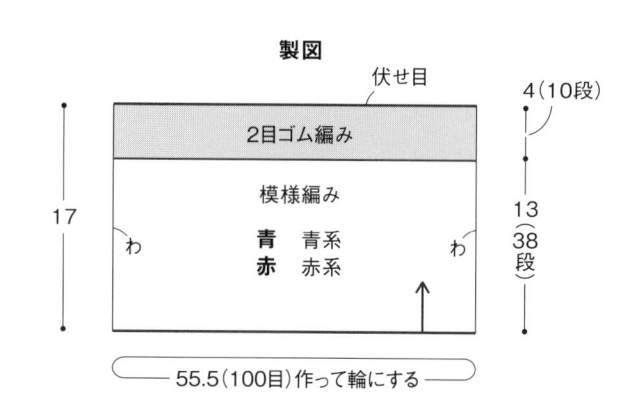

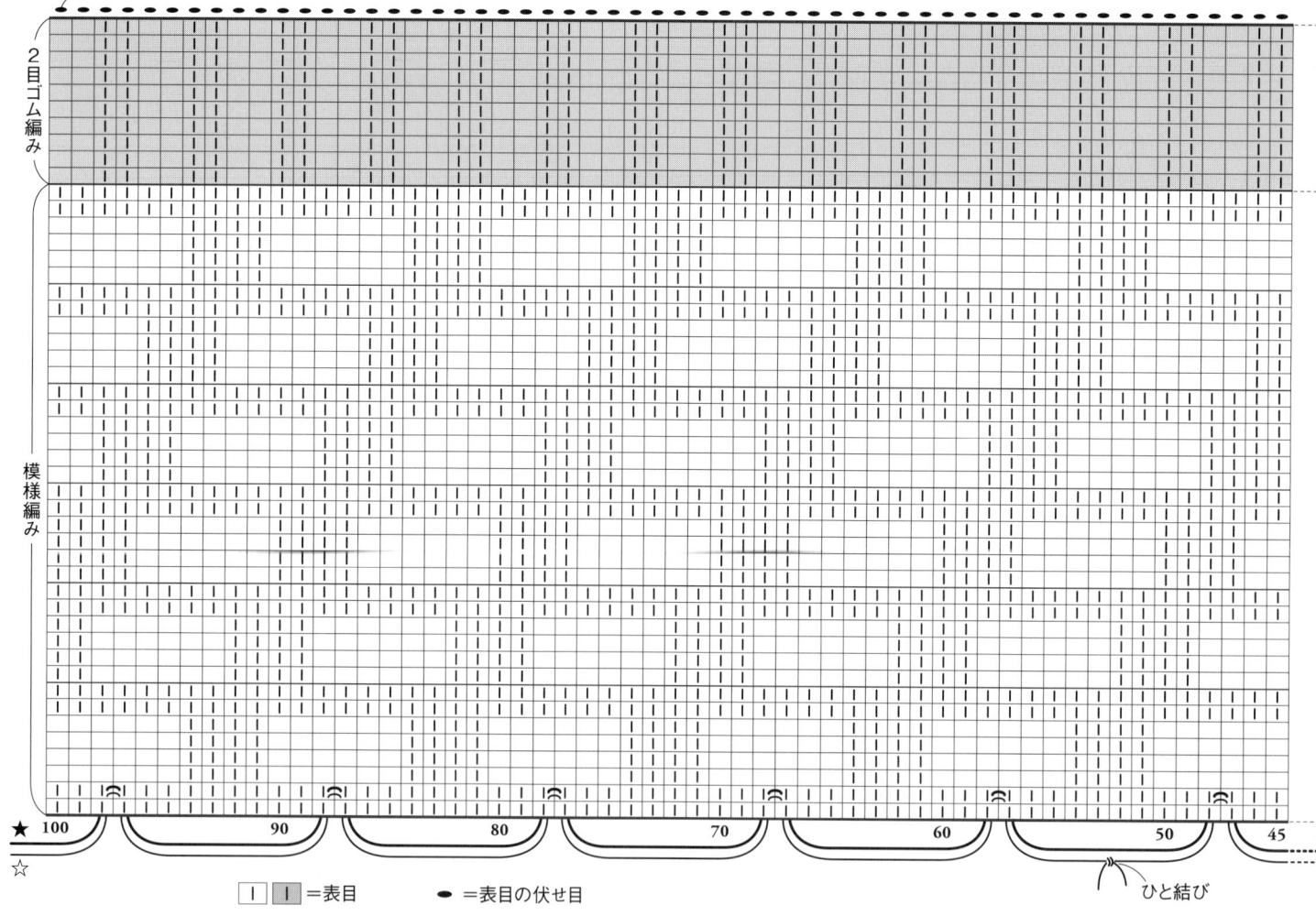

最初の伏せ目にチェーンつなぎをする

2目ゴム編み

模様編み

| | =表目　 ▬ =表目の伏せ目
| | =|― 裏目

ひと結び

76

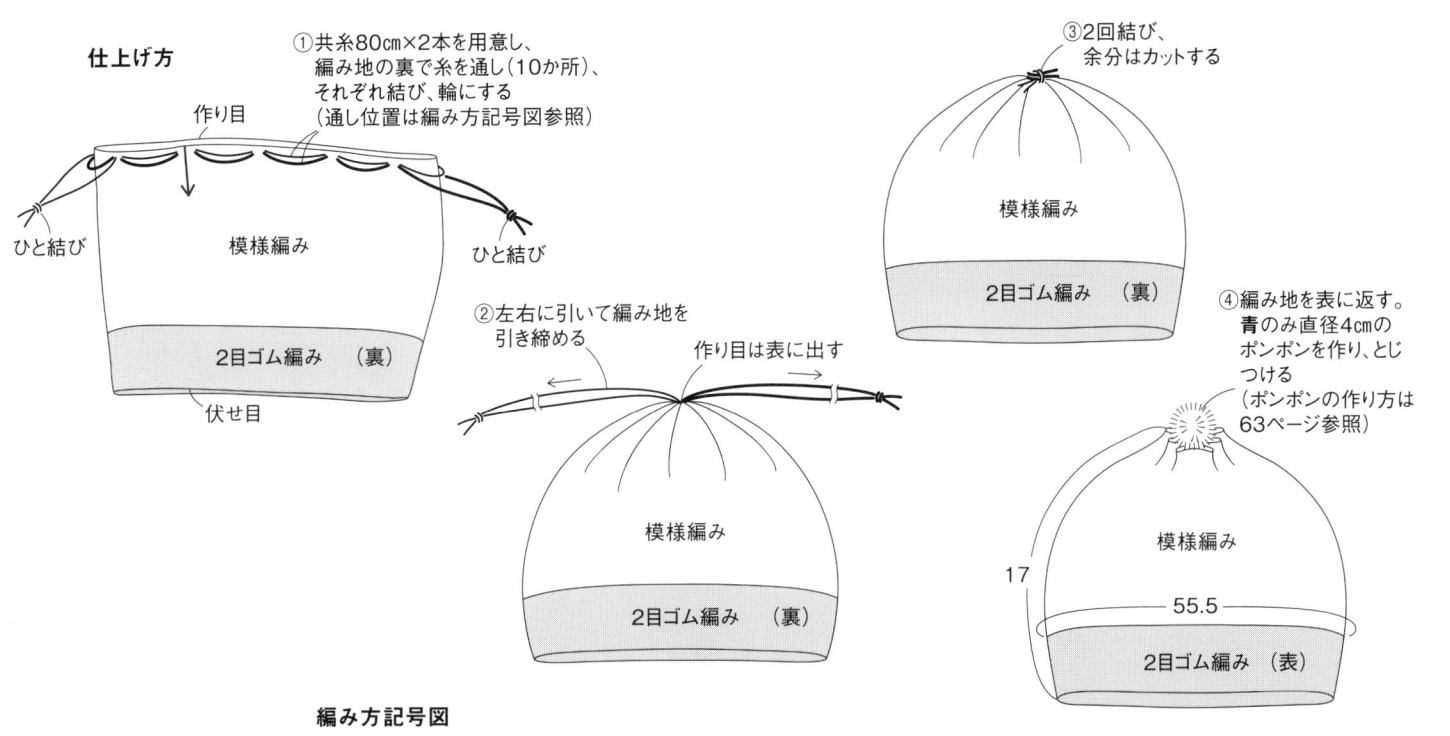

仕上げ方

①共糸80cm×2本を用意し、編み地の裏で糸を通し（10か所）、それぞれ結び、輪にする（通し位置は編み方記号図参照）

作り目

ひと結び　　　模様編み　　　ひと結び

2目ゴム編み　（裏）

伏せ目

②左右に引いて編み地を引き締める

作り目は表に出す

模様編み

2目ゴム編み　（裏）

③2回結び、余分はカットする

模様編み

2目ゴム編み　（裏）

④編み地を表に返す。青のみ直径4cmのポンポンを作り、とじつける（ポンポンの作り方は63ページ参照）

17

55.5

模様編み

2目ゴム編み　（表）

編み方記号図

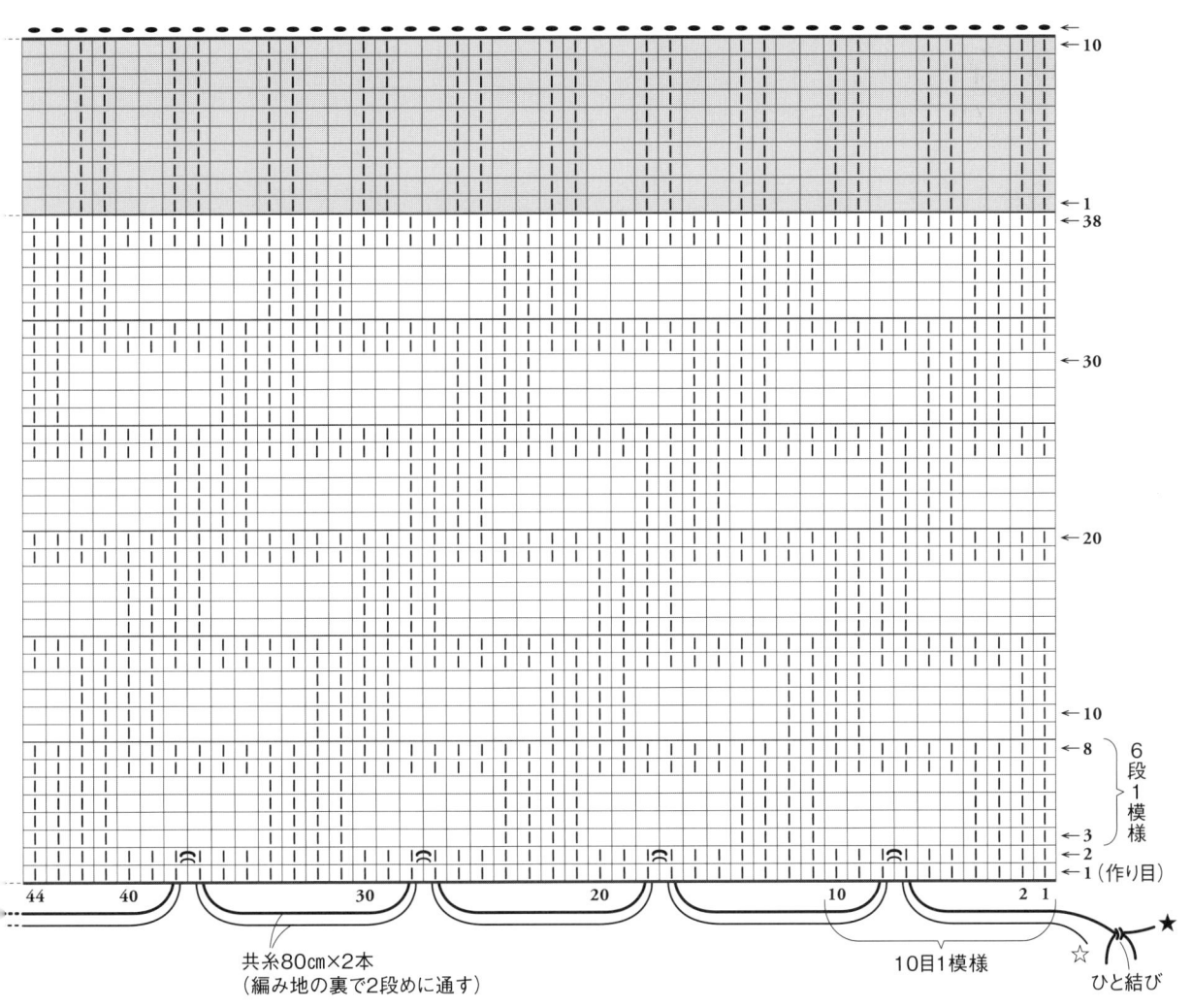

←10

←1
←38

←30

←20

←10

←8　6段1模様

←3

←2
←1（作り目）

44　40　30　20　10　2　1

共糸80cm×2本
（編み地の裏で2段めに通す）

10目1模様

ひと結び

☆　★

77

長い三角ショール　28ページ

28ページ

- ●**出来上がり寸法**（タッセルを除く）　幅174cm　丈29cm
- ●**ゲージ**　ガーター編み　20目×43段＝10cm角
- ●**材料**　合太程度の段染め糸（内藤商事／ナイフメーラ）　黄色〜水色系（631）…170g
- ●**用具**　7号、5号80cm輪針　そのほかに、厚紙（タッセル用）、とじ針など

糸の実物大

- ●**編み方**　糸は1本どり。指定の針で編む。
- **1** 7号輪針を使い、一般的な作り目で348目を作る（1段め）。2段め以降は毎段、編み地の向きをかえ、模様編みを10段めまで編んだら、11段めは62ページの「ねじりA」を参照し、指定の位置で編み地をねじりながら編み、続けて12段めを編む。
- **2** 5号輪針にかえ、ガーター編みを編む。1段めは177目めまで編んだら編み地の向きをかえ、2段めは6目を編む。3段めは9目、4段めは12目、5段めは15目と、編む目数を3目ずつ増しながら全部で116段を編み、編み終わりは表目の伏せ目をする（3目増すところは、奇数段は模様編みの12段めに、偶数段はガーター編みの1段めに編む）。
- **3** 共糸でタッセルを2個作り、指定の位置につける。

タッセルの作り方
*2個作る

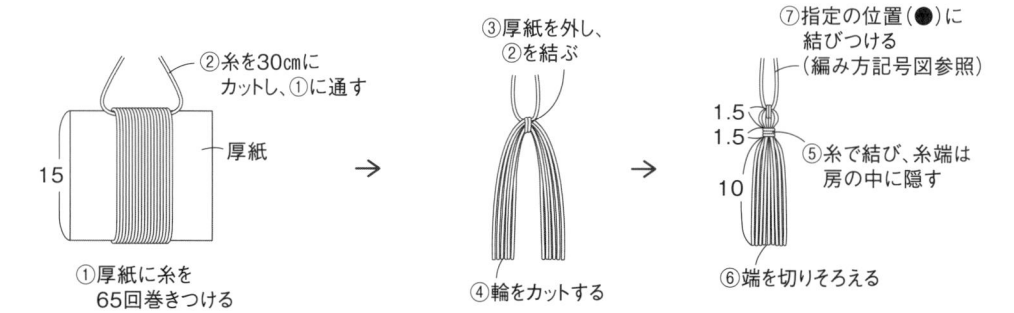

②糸を30cmにカットし、①に通す

厚紙

15

①厚紙に糸を65回巻きつける

③厚紙を外し、②を結ぶ

④輪をカットする

⑦指定の位置（●）に結びつける（編み方記号図参照）

1.5
1.5
10

⑤糸で結び、糸端は房の中に隠す

⑥端を切りそろえる

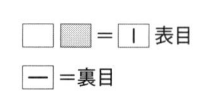

□ ▨ ＝ ｜ 表目

─ ＝裏目

● ＝表目の伏せ目

● ＝ねじり位置（62ページの写真参照）

● ＝タッセルつけ位置

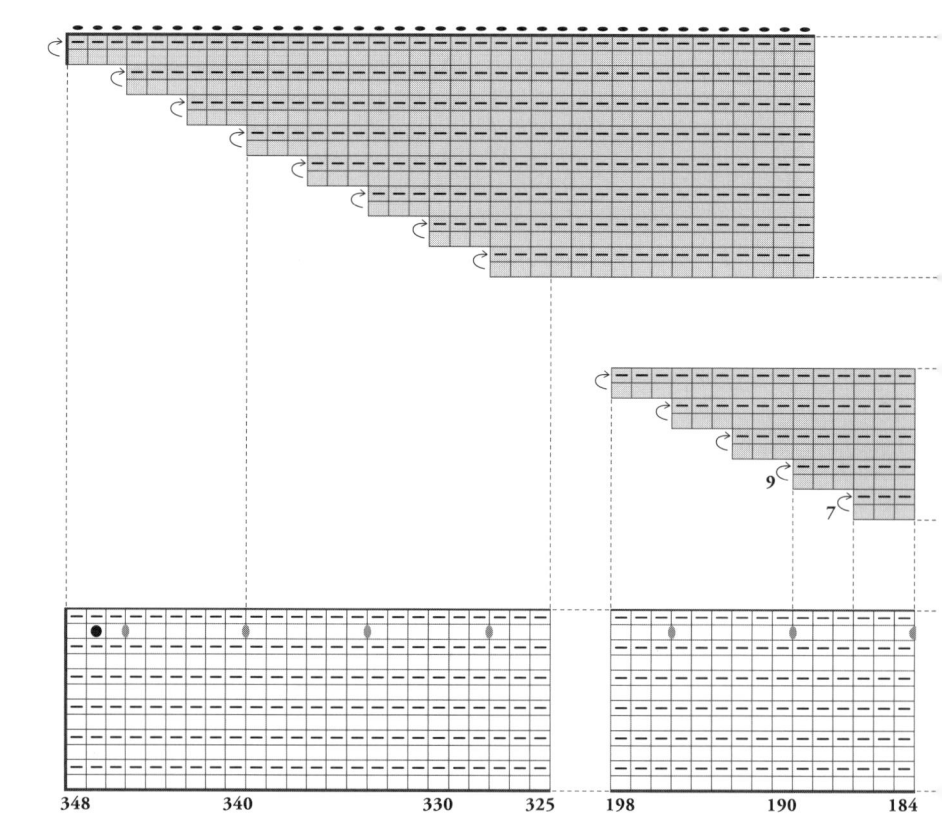

9

7

| 348 | 340 | 330 | 325 | 198 | 190 | 184 |

製図

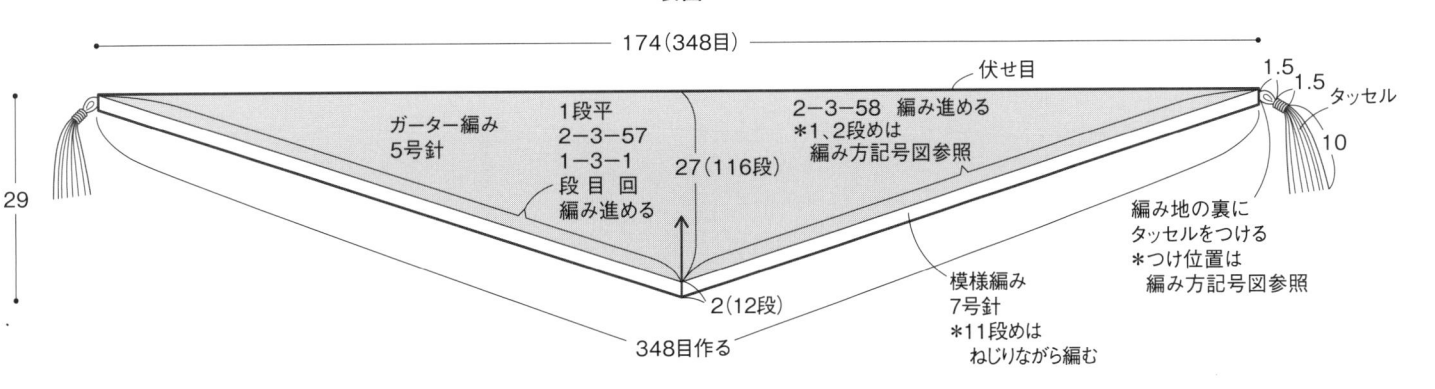

編み方記号図

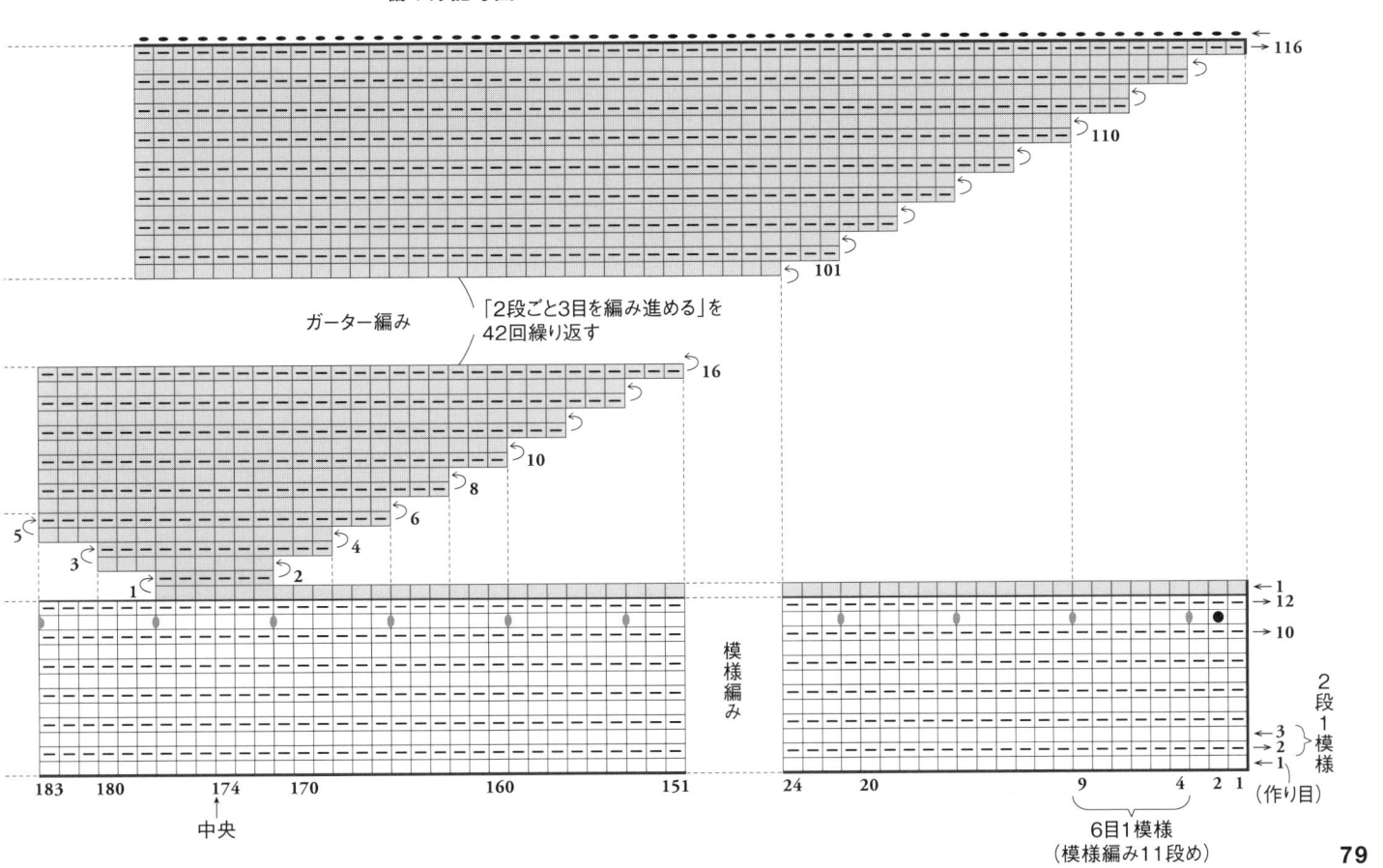

三角ショール 29ページ

- ●**出来上がり寸法**（タッセルを除く）　幅91cm　丈25cm
- ●**ゲージ**　ガーター編み　22目×43.5段＝10cm角
- ●**材料**　合太程度の段染め糸（スキー毛糸／クレメント）
  紫〜濃いグレー系（2307）… 80g
- ●**用具**　7号、5号80cm輪針　そのほかに、厚紙（タッセル
  用）、とじ針など

糸の実物大

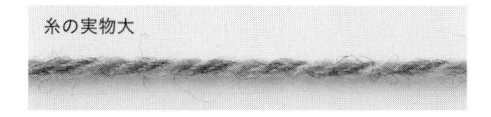

POINT
三角ショールは2作品とも、途中で針の号数をかえています。針とコードのつけかえができる針で編むと楽です。図中の1段平以下の数字の意味は、「ガーター編みの部分を1段あたり2目を1回増やしたら、続けて2段あたり2目を49回増やして編み進める」という意味です。

●**編み方**　糸は1本どり。指定の針で編む。

1 7号輪針を使い、一般的な作り目で200目を作る（1段め）。2段め以降は毎段、編み地の向きをかえ、模様編みを10段めまで増減なく編んだら、11段めは62ページの「ねじりA」を参照して指定の位置で編み地をねじりながら編み、続けて12段めを編む。

2 5号輪針にかえ、ガーター編みを編む。1段めは102目めまで編んだら編み地の向きをかえ、2段めは4目を編む。3段めは6目、4段めは8目、5段めは10目と、編む目数を2目ずつ増しながら全部で100段を編み、編み終わりは表目の伏せ目をする（2目増すところは、奇数段は模様編みの12段めに、偶数段はガーター編みの1段めに編む）。

3 共糸でタッセルを2個作り、指定の位置につける。

編み方記号図

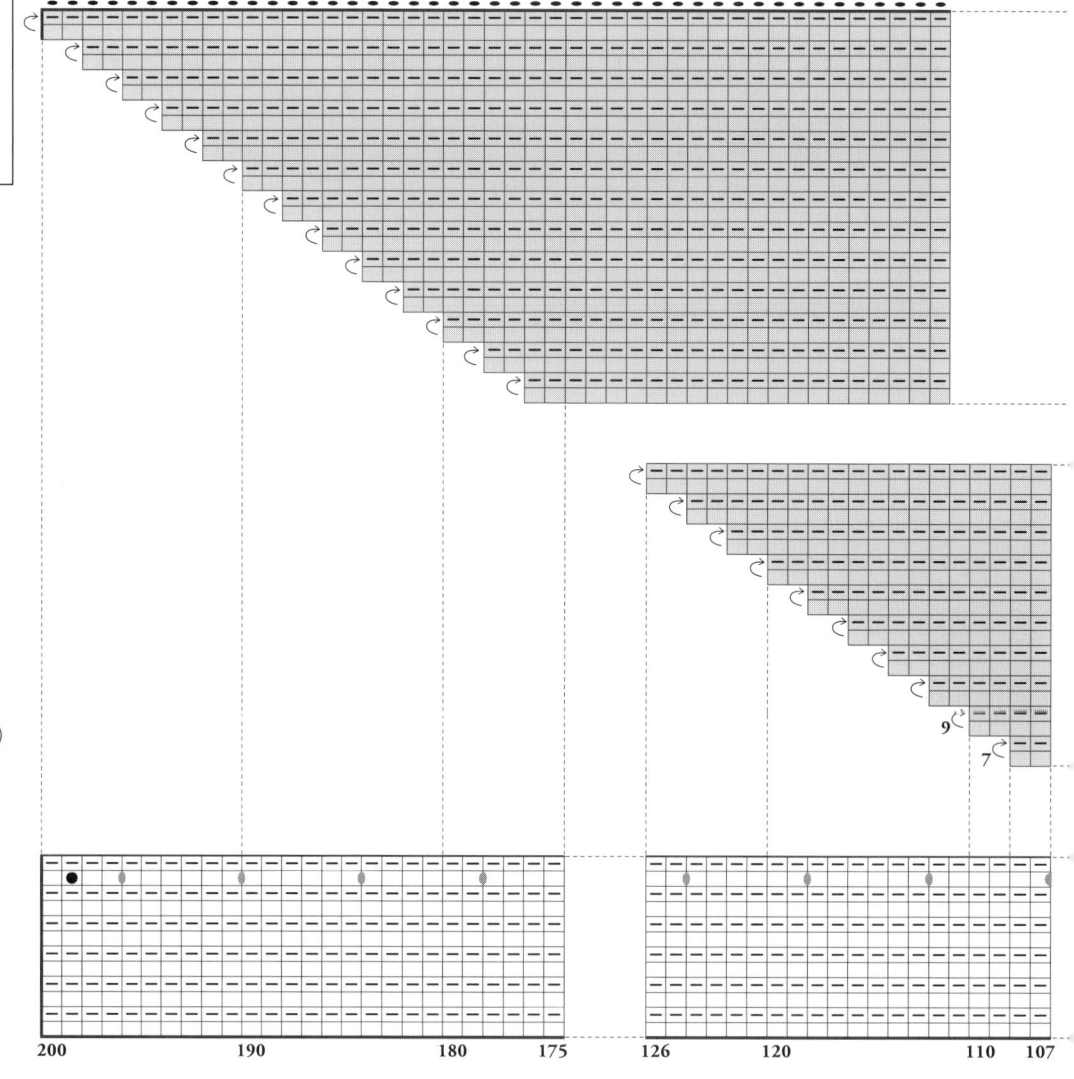

⬜ ▨ ＝ | 表目

− ＝裏目

�'＝表目の伏せ目

●＝ねじり位置（62ページの写真参照）

●＝タッセルつけ位置

製図

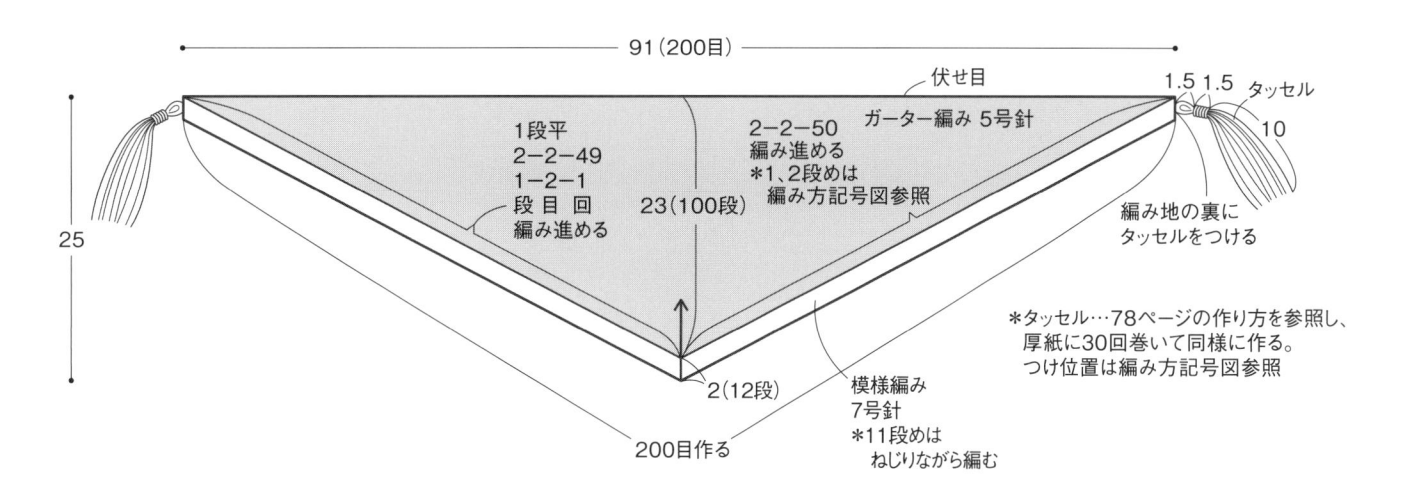

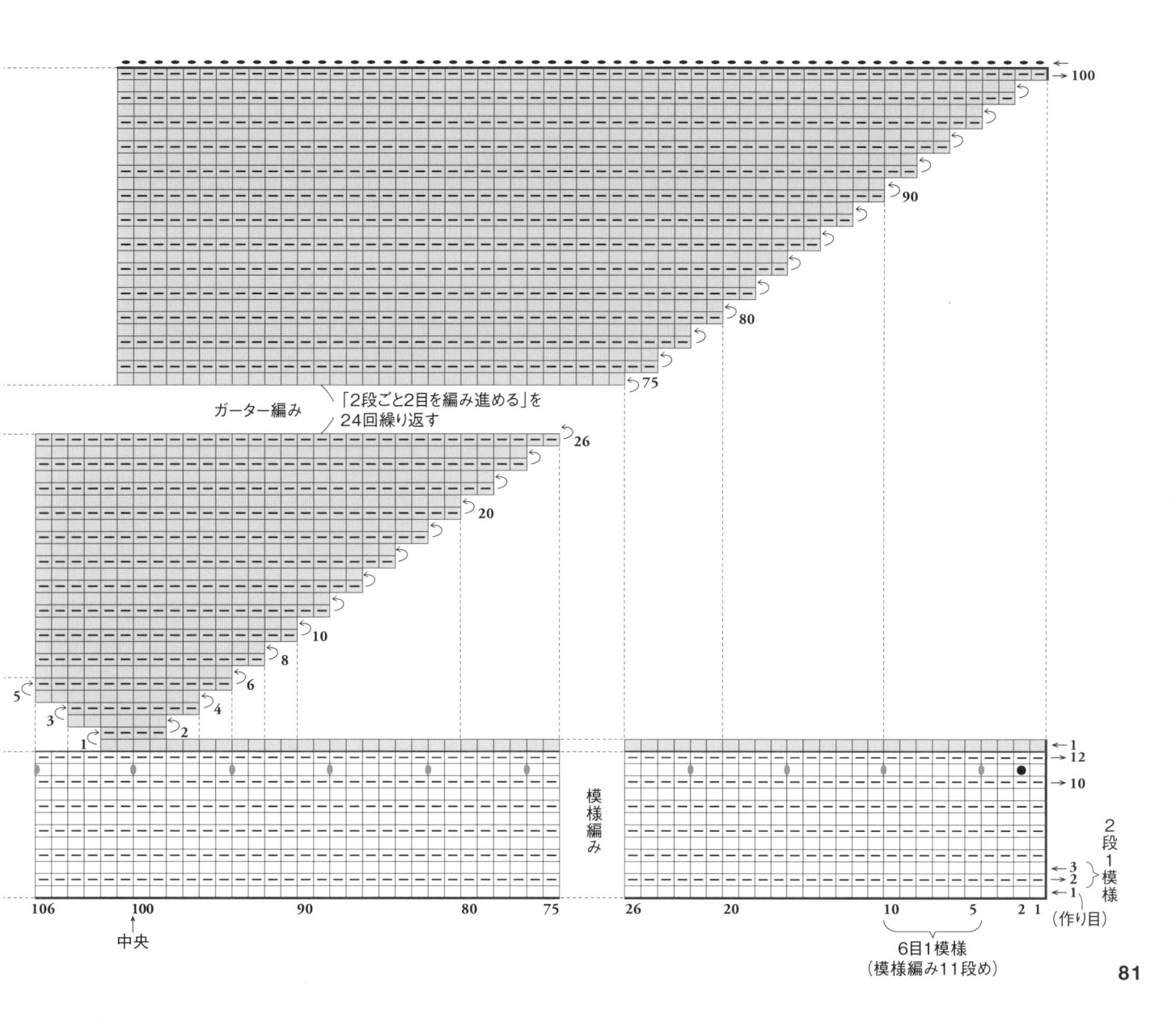

ルームシューズ 大　31ページ

- **●出来上がり寸法**　底の長さ23.5cm
- **●ゲージ**　ガーター編み　20目×40段＝10cm角
- **●材料**　合太程度の段染め糸（オリムパス製糸／メイクメイクソックス）　青系（910）… 60g
- **●用具**　5号玉付き2本棒針　そのほかに、別糸（糸印、休み目用）、とじ針など

糸の実物大

●編み方　糸は1本どり。

1 一般的な作り目で55目を作る（1段め）。2段め以降は毎段、編み地の向きをかえ、ガーター編みを95段めまで増減なく編む。途中、あき止まりの2か所に別糸で印をつける。

2 96段めは左側の8目を別糸にとって休み目にし、さらにガーター編みを111段めまで編み、編み終わりは別糸に通して休み目にする。同じものを2枚編む。

3 仕上げ方を参照し、すくいとじ（61ページ参照）の要領で合い印どうし（★、☆、◗）をとじる。あき口を外側に折り返す。

製図

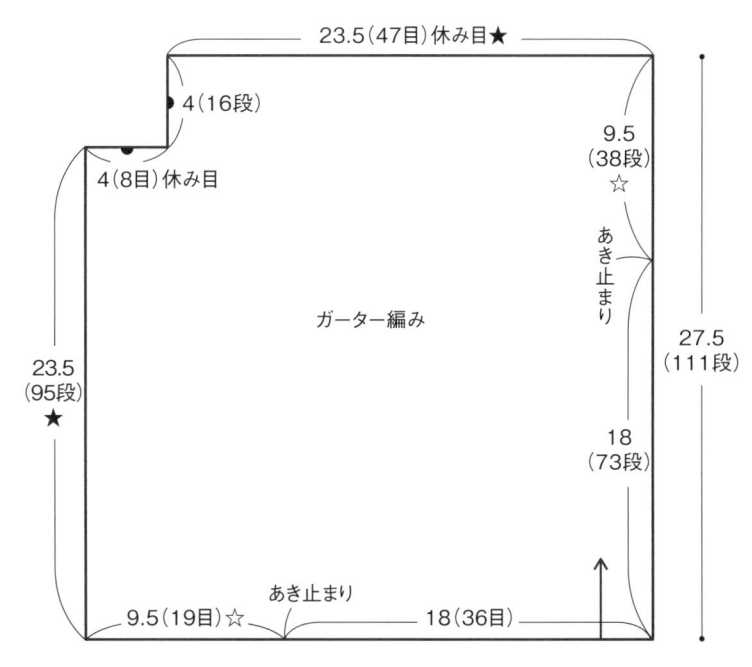

仕上げ方

編み方記号図

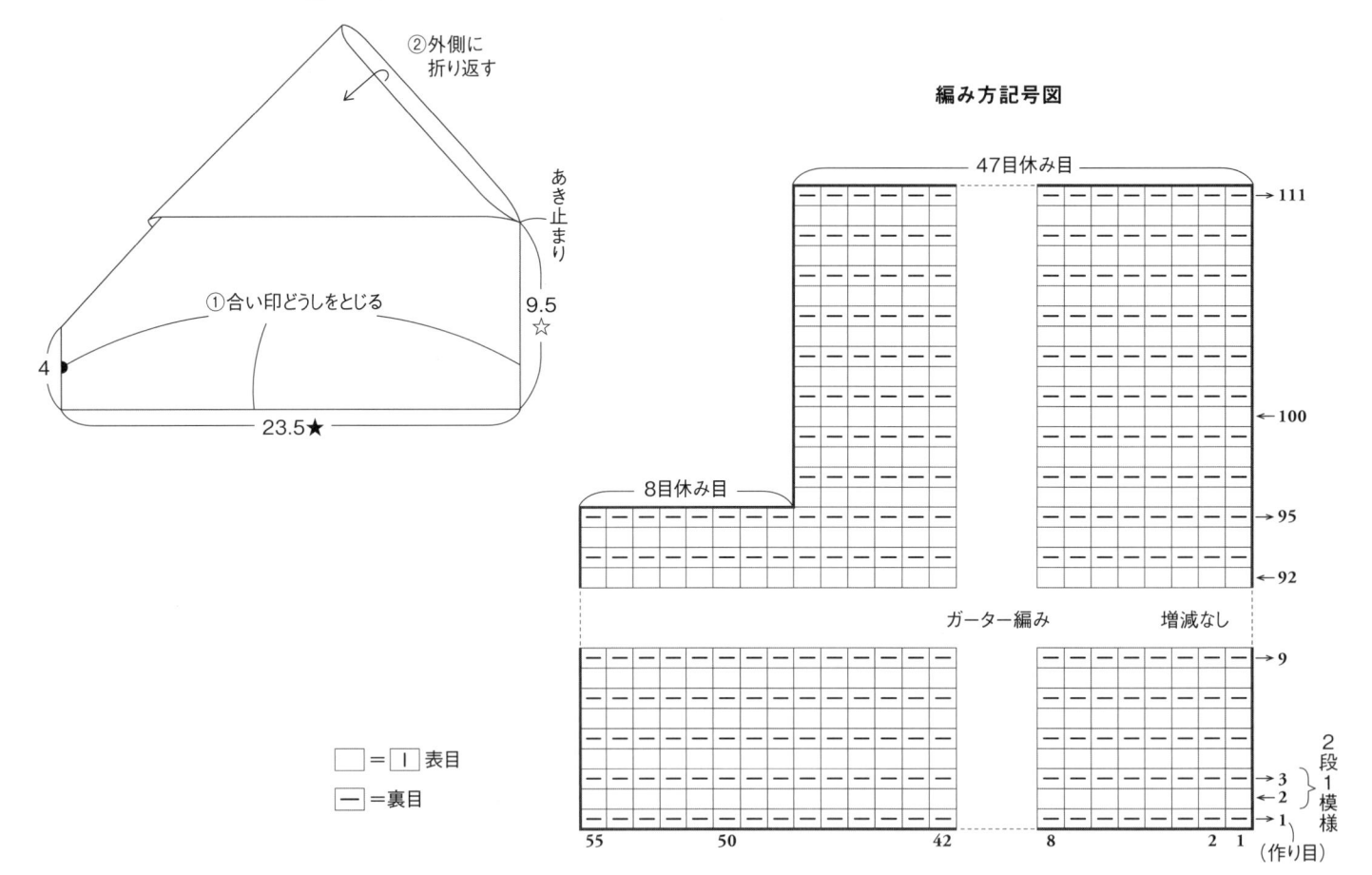

☐ ＝ | 表目

⊟ ＝ 裏目

ルームシューズ 小 31ページ

● **出来上がり寸法**　底の長さ15cm
● **ゲージ**　ガーター編み　20目×40段＝10cm角
● **材料**　合太程度の段染め糸（オリムパス製絲／メイクメイク
　　　　ソックス）　ピンク系（902）… 30g
● **用具**　5号玉付き2本棒針　そのほかに、別糸（糸印、休み
　　　　目用）、とじ針など

糸の実物大

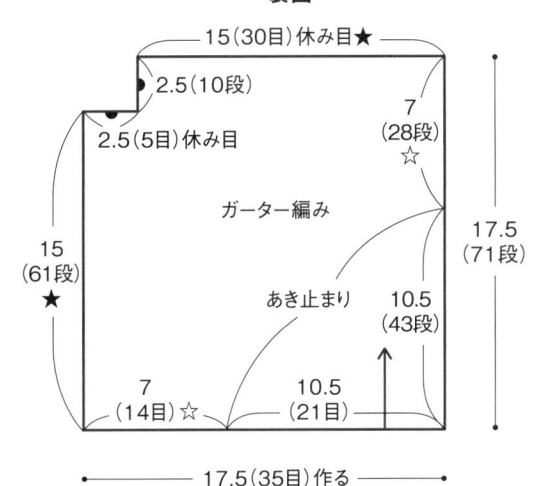

● **編み方**　糸は1本どり。

1 一般的な作り目で35目を作る（1段め）。2段め以降は毎段、
編み地の向きをかえ、ガーター編みを61段めまで増減なく
編む。途中、あき止まりの2か所に別糸で印をつける。

2 62段めは左側の5目を別糸にとって休み目にし、さらにガ
ーター編みを71段めまで編み、編み終わりは別糸に通して
休み目にする。同じものを2枚編む。

3 仕上げ方を参照し、すくいとじ（61ページ参照）の要領で合い
印どうし（★、☆、◗）をとじる。あき口を外側に折り返す。

製図

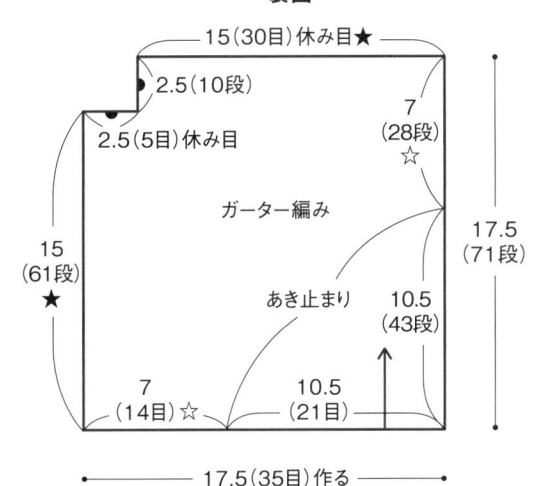

15（30目）休み目★
2.5（10段）
2.5（5目）休み目
7（28段）☆
ガーター編み
17.5（71段）
15（61段）★
あき止まり
10.5（43段）
7（14目）☆
10.5（21目）
17.5（35目）作る

仕上げ方

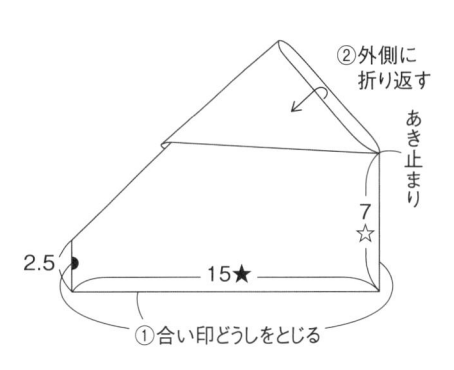

②外側に折り返す
あき止まり
7☆
2.5
15★
①合い印どうしをとじる

編み方記号図

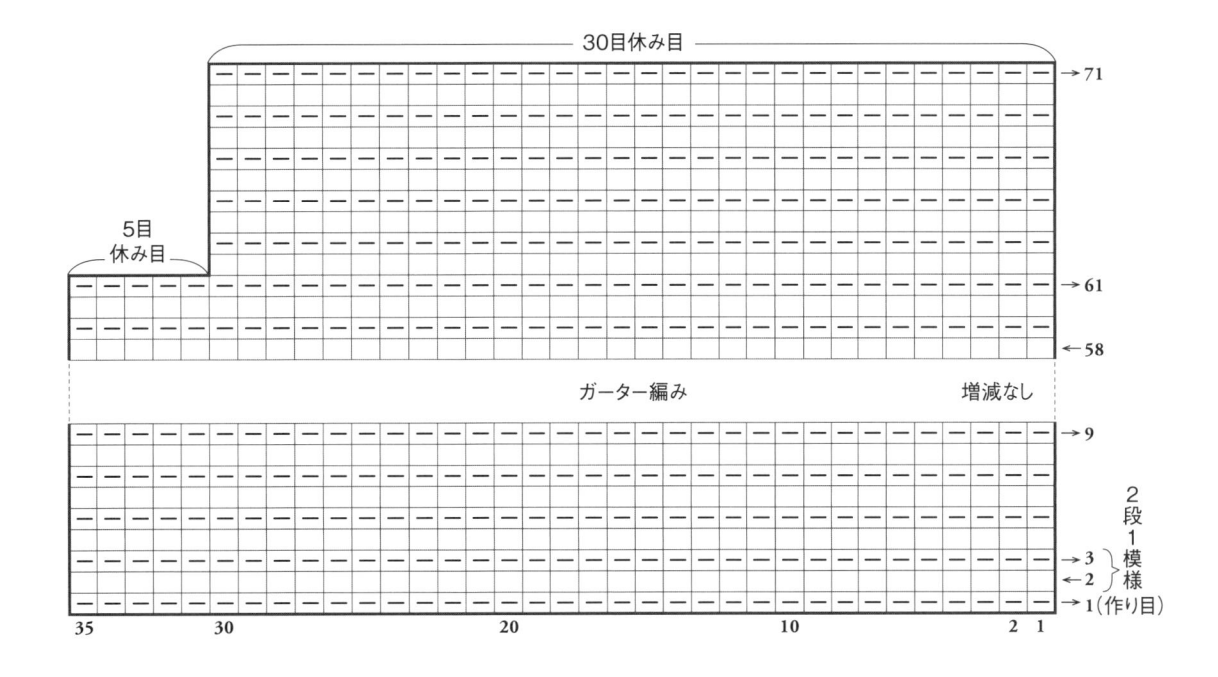

30目休み目 →71
5目
休み目 →61
←58
ガーター編み　　増減なし
→9
2段1模様
→3
←2
→1（作り目）
35　　30　　　20　　　　10　　2 1

□＝｜ 表目
―＝裏目

L字の青いマフラー　37ページ

● **出来上がり寸法**　幅96cm　長さ64.5cm
● **ゲージ**　ガーター編み　17目×32段＝10cm角
● **材料**　並太程度の段染め糸（NORO／くれおぱとら）
　　　　　青〜濃いピンク系（1025）… 170g
● **用具**　8号80cm輪針　そのほかに、とじ針など

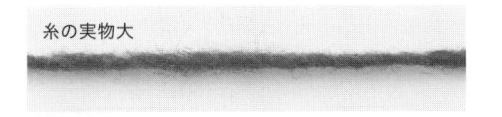
糸の実物大

● **編み方**　糸は1本どり。

1 一般的な作り目で164目を作る（1段め）。2段め以降は毎段、編み地の向きをかえ、模様編みを10段めまで増減なく編んだら、11段めは62ページの「ねじりA」を参照して指定の位置で編み地をねじりながら編み、12段めを編む。

2 続けてガーター編みを58段めまで編んだら、右側110目は表目の伏せ目をし、残り54目をガーター編みで139段編む。編み終わりは裏側から表目の伏せ目をする。

製図

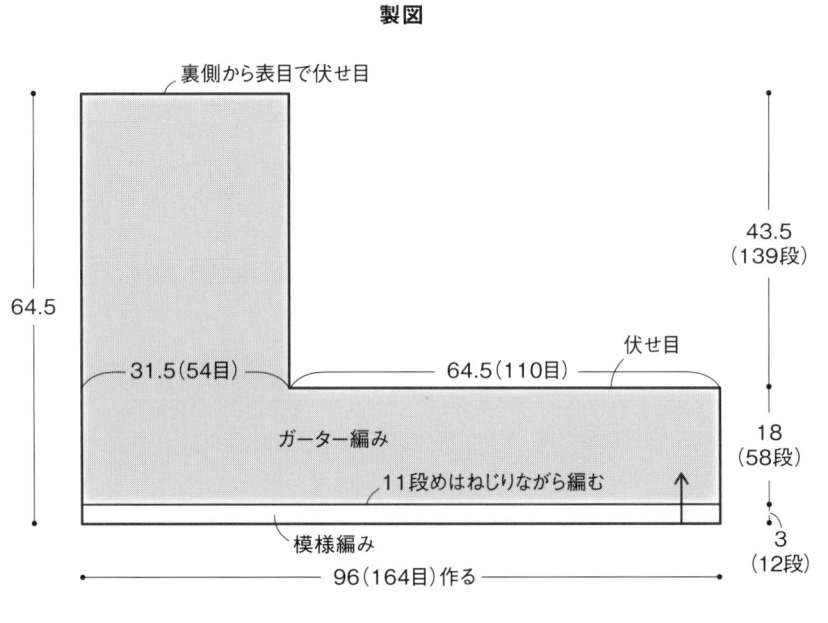

裏側から表目で伏せ目

64.5

31.5（54目）

64.5（110目）

伏せ目

ガーター編み

11段めはねじりながら編む

模様編み

96（164目）作る

43.5
（139段）

18
（58段）

3
（12段）

編み方記号図

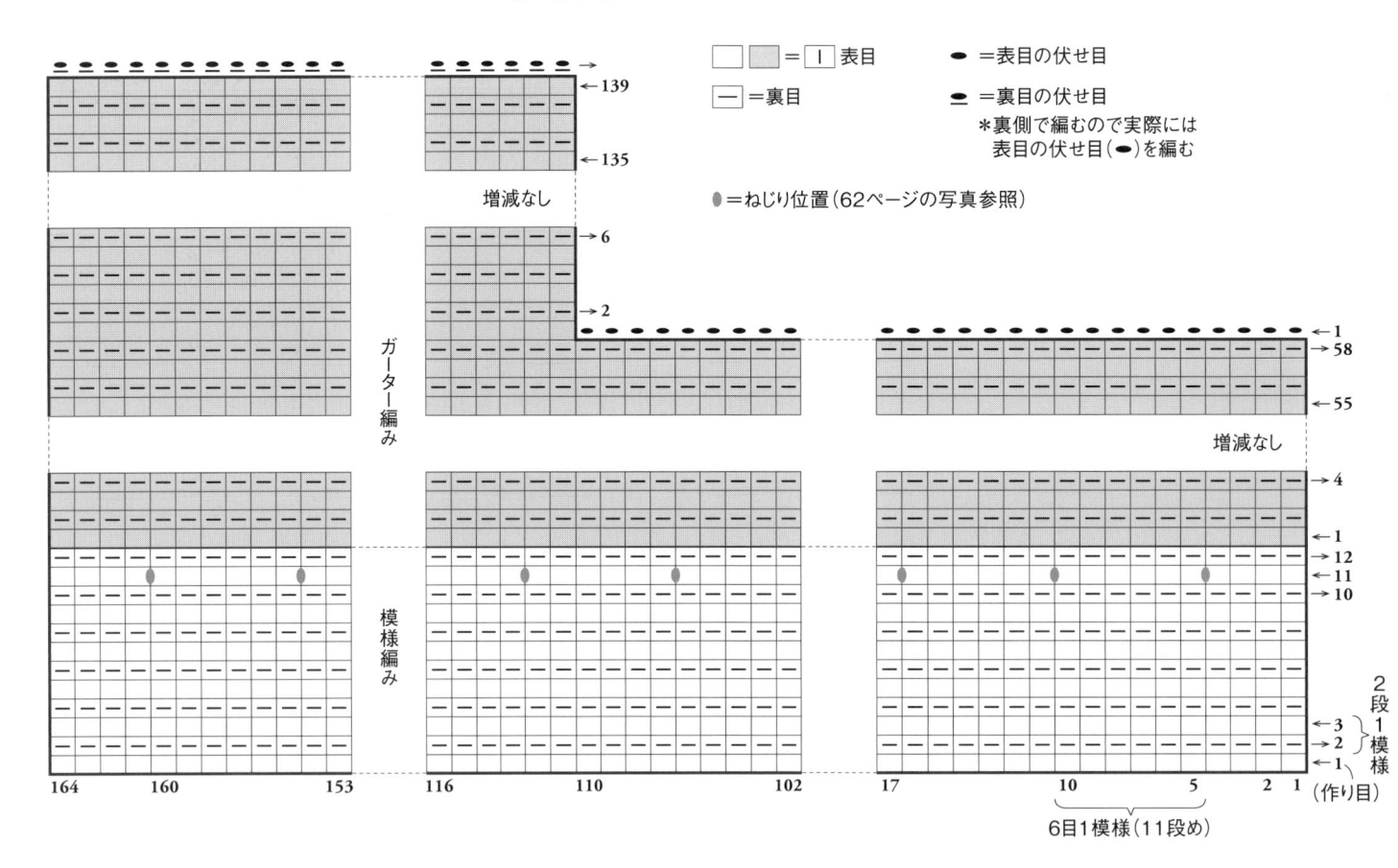

□ ▨ ＝ |　表目　　　● ＝表目の伏せ目
― ＝裏目　　　　　　● ＝裏目の伏せ目
　　　　　　　　　　＊裏側で編むので実際には
　　　　　　　　　　表目の伏せ目（●）を編む

● ＝ねじり位置（62ページの写真参照）

139
135

増減なし

6
2

1
58
55

増減なし

4
1
12
11
10

ガーター編み

模様編み

2段1模様
3段1模様

164　160　153
116　110　102
17　10　5　2　1（作り目）

6目1模様（11段め）

はしご模様のひざかけ　42ページ

- ●**出来上がり寸法**　幅61cm　長さ76cm
- ●**ゲージ**　模様編み　17.5目×28段＝10cm角
- ●**材料**　並太程度のストレート糸（内藤商事／フォーシーズン）　黄緑（13）… 250g
- ●**用具**　7号60cm輪針　そのほかに、とじ針など
- ●**編み方**　糸は1本どり。

1　一般的な作り目で108目を作る（1段め）。2段め以降は毎段、編み地の向きをかえ、ガーター編みを10段めまで増減なく編む。

2　両端6目ずつをガーター編み、内側の96目を模様編みで196段めまで編む。

3　ガーター編みを10段編み、編み終わりは表目の伏せ目をする。

糸の実物大

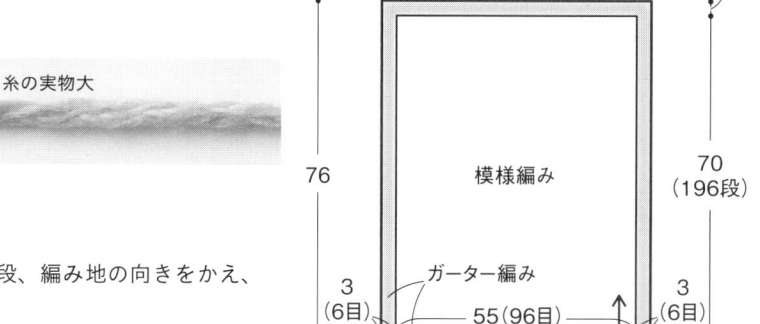

製図

伏せ目

模様編み

ガーター編み

76

3（10段）

70（196段）

3（10段）

3（6目）

55（96目）

3（6目）

← 61（108目）作る →

編み方記号図

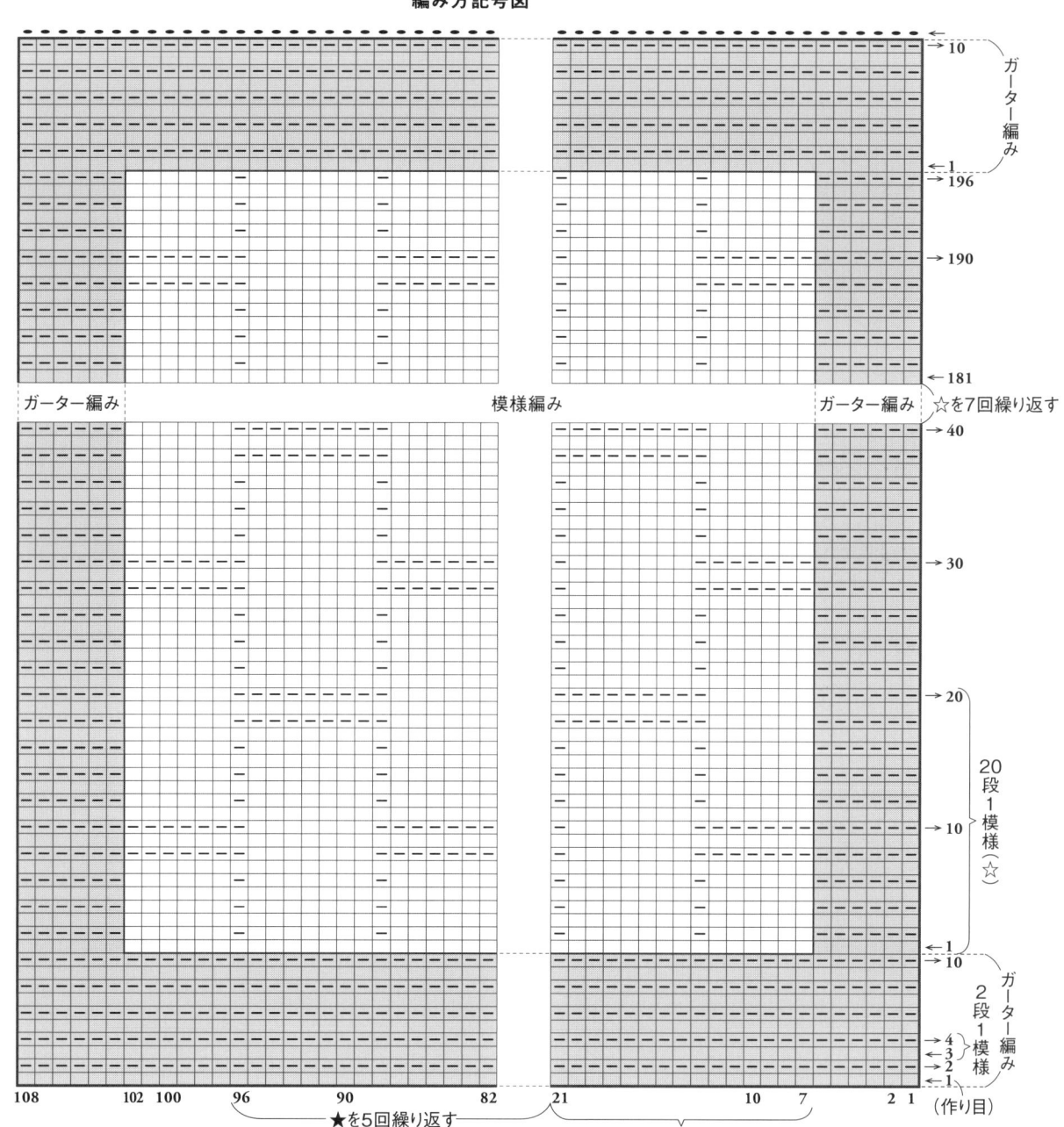

ガーター編み　模様編み　ガーター編み

ガーター編み

←10
←1
→196
→190
←181
→40
→30
→20
→10
←1
←10
←4
←3
←2
←1

☆を7回繰り返す

20段1模様（☆）

ガーター編み　2段1模様

（作り目）

108　102 100　96　90　82　　21　　10　7　　2 1

★を5回繰り返す

15目1模様（★）

□□=|　表目

—=裏目

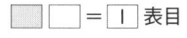=表目の伏せ目

L字の3色ショール　40ページ

- **●出来上がり寸法**　幅63cm　長さ165.5cm
- **●ゲージ**　模様編み　25目×33段＝10cm角
- **●材料**　合太程度のストレート糸（内藤商事／ソフィア）
　　　　グレー（18）… 125g　黄色（6）… 100g
　　　　オフホワイト（2）… 85g
- **●用具**　4号60cm輪針　そのほかに、とじ針など

糸の実物大

- **●編み方**　糸は1本どり。指定の糸で編む。
1. グレーの糸を使い、一般的な作り目で158目を作る（1段め）。2段め以降は毎段、編み地の向きをかえ、途中で糸をかえながら、ガーター編みのしまを10段めまで増減なく編む。11段めは62ページの「ねじりA」を参照し、指定の位置で編み地をねじりながら編み、12段めは裏目を編む。
2. 模様編みは編み方記号図のように増減なく107段を編む。
3. 製図の左側88目は裏側から表目の伏せ目をし、残り70目で続けて模様編みを編む。指定の配色で、全部で431段を編み、編み終わりは表目の伏せ目をする。

> **POINT**
> 糸も針も比較的細めで、段数は550段という大作。模様編みのパターンはネックウォーマーなどに使っても。糸かえをするときは段の端でかえるとよいでしょう。

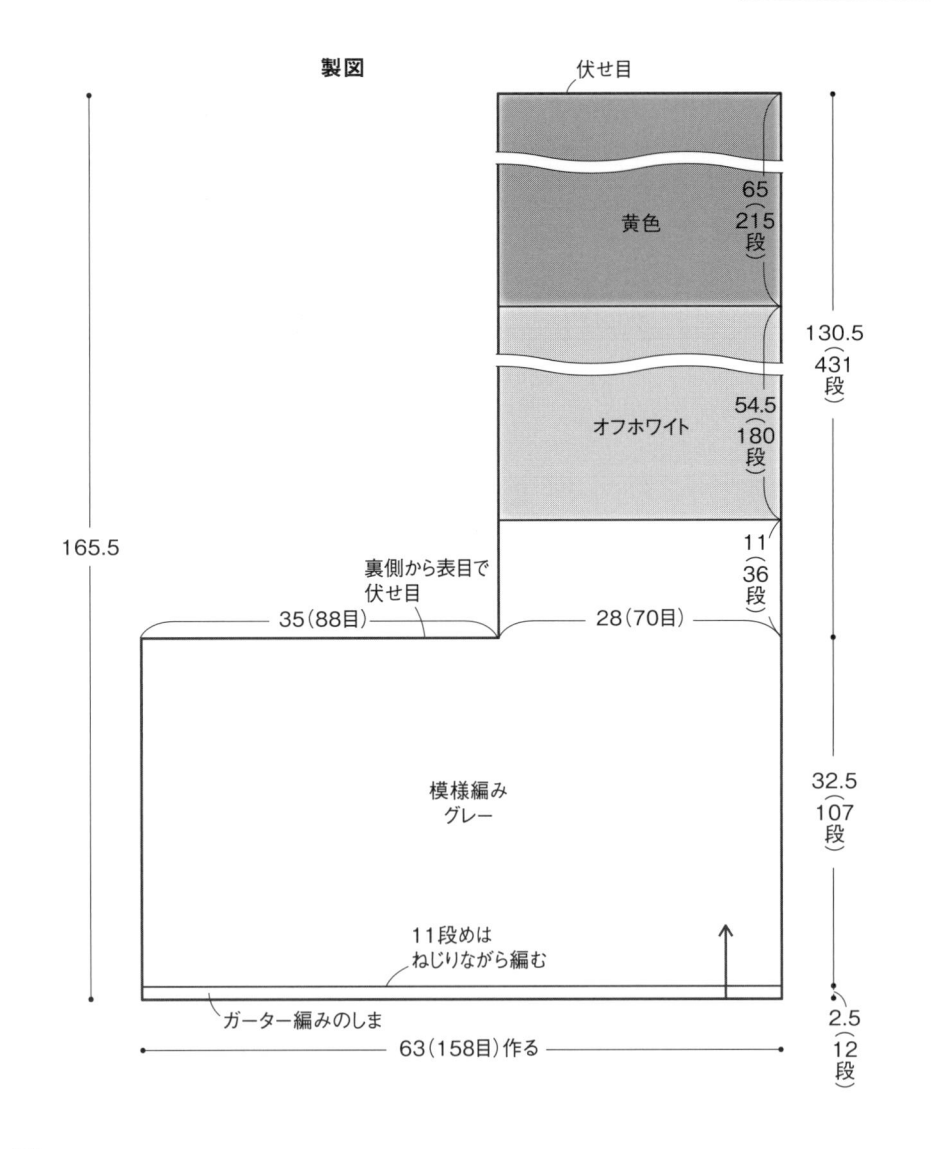

製図

配色表

□	グレー
▨	オフホワイト
▨	黄色

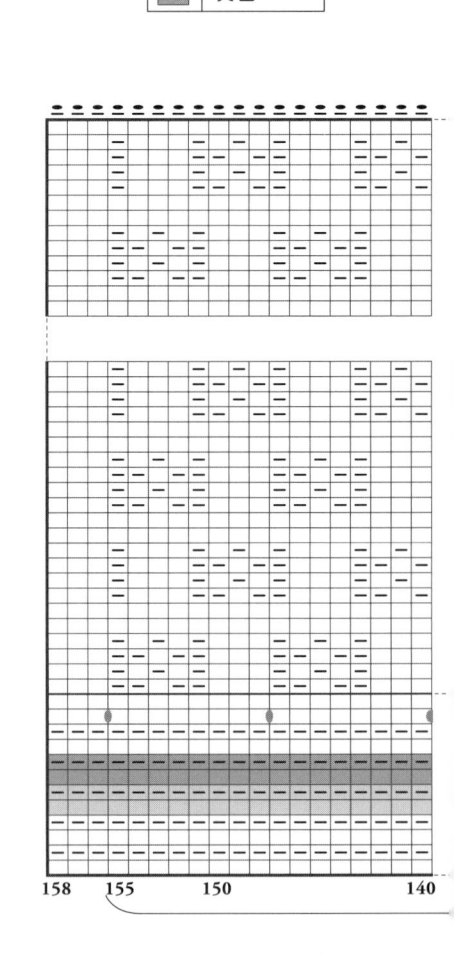

編み方記号図

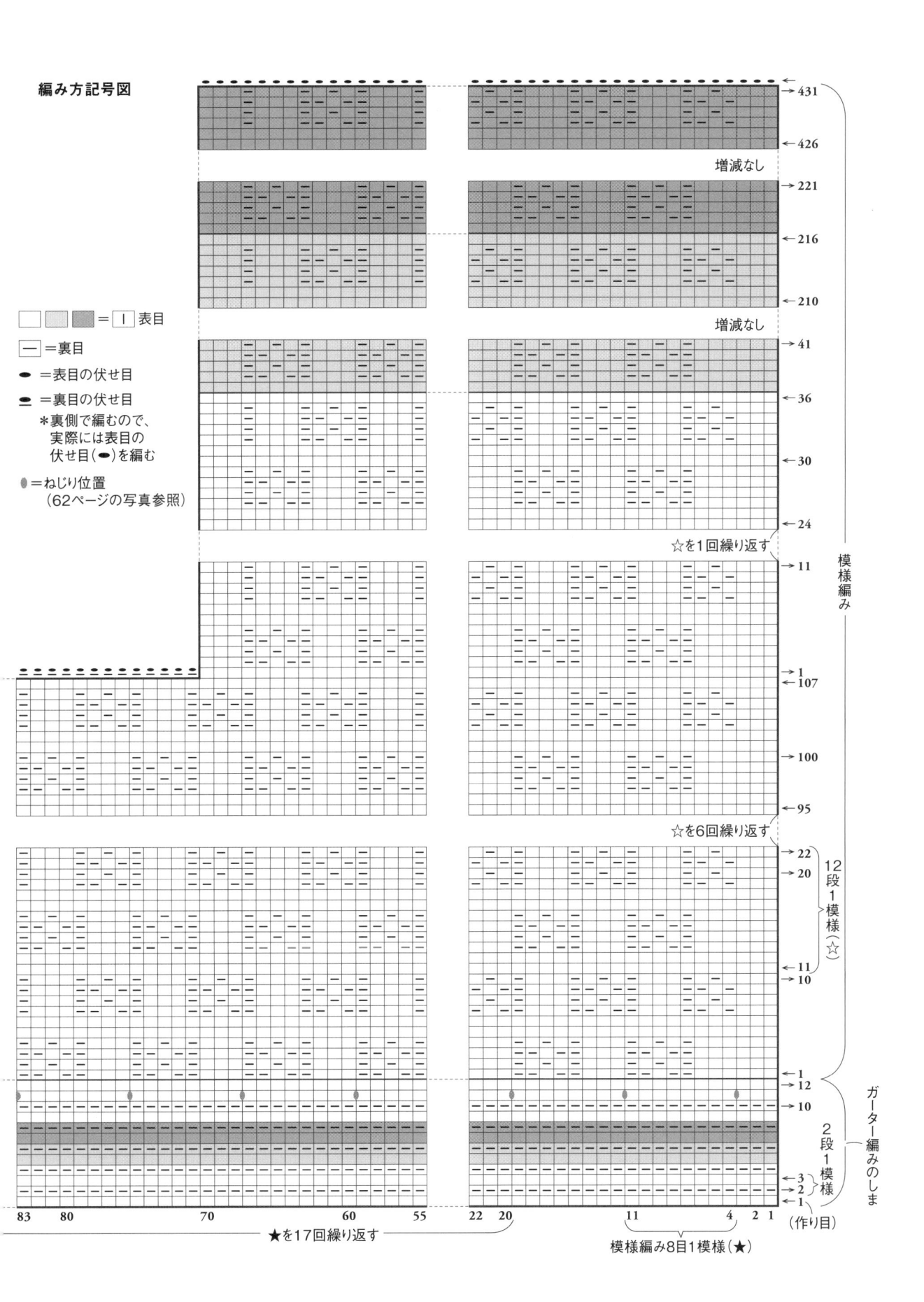

凡例：

☐ ▨ ▩ = │ 表目

― = 裏目

● = 表目の伏せ目

━ = 裏目の伏せ目
*裏側で編むので、
実際には表目の
伏せ目（●）を編む

◖ = ねじり位置
（62ページの写真参照）

増減なし（431／426）

増減なし（221／216／210）

→431
←426

→221
←216
←210

→41
←36
←30
←24
☆を1回繰り返す →11
←1
←107
→100
←95
☆を6回繰り返す

→22
→20
→11
→10
→1
→12
→10
→3
→2
→1
（作り目）

模様編み

12段1模様（☆）

ガーター編みのしま

2段1模様

83 80 70 60 55 22 20 11 4 2 1

★を17回繰り返す

模様編み8目1模様（★）

腹巻きスヌード　44ページ

- ●**出来上がり寸法**　周囲70cm　丈32cm
- ●**ゲージ**　模様編み　30目×37段＝10cm角
- ●**材料**　合太程度のストレート糸（スキー毛糸／タスマニアンポロワース）　淡いブルー（7010）…130g
- ●**用具**　3号60cm輪針　そのほかに、段数マーカー、とじ針など

糸の実物大

●**編み方**　糸は1本どり。

1　一般的な作り目で210目を作る（1段め）。2段め以降は輪にし、ゴム編み、模様編み、ゴム編みを指定の段数まで増減なく編む。1目めに段数マーカーをつけて編むと、段の始めがわかりやすい。

2　編み終わりは表目の伏せ目をし、最初の伏せ目にチェーンつなぎ（65ページ参照）をする。

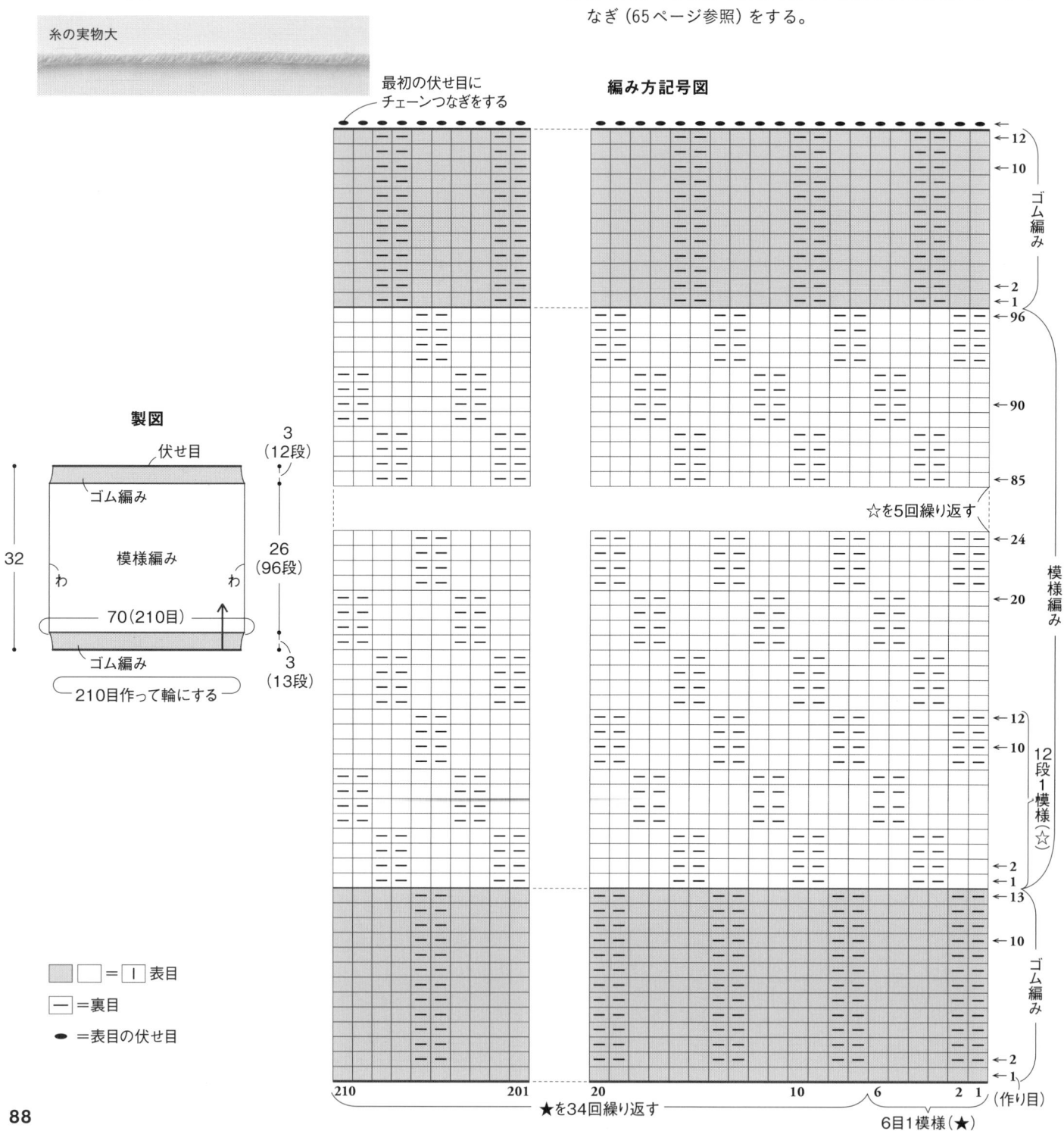

製図

伏せ目
ゴム編み
模様編み
わ　　わ
ゴム編み

32
3（12段）
26（96段）
3（13段）

70（210目）

210目作って輪にする

□ □ ＝ | 表目
－ ＝裏目
● ＝表目の伏せ目

最初の伏せ目にチェーンつなぎをする

編み方記号図

☆を5回繰り返す

←12
←10
←2
←1
←96
←90
←85
←24
←20
←12
←10
←2
←1
←13
←10
←2
←1

ゴム編み
模様編み
12段1模様（☆）
ゴム編み

210　　201　　20　　10　　6　　2　1（作り目）

★を34回繰り返す

6目1模様（★）

三角模様のマフラー　A　49ページ

- ●**出来上がり寸法**　幅18cm　長さ159cm
- ●**ゲージ**　模様編み　24目×33段＝10cm角
- ●**材料**　合太程度のストレート糸（ＤＡＲＵＭＡ／シェットランドウール）　緑（6）…140g
- ●**用具**　6号玉付き2本棒針　そのほかに、とじ針など

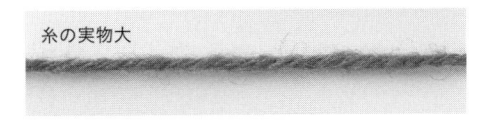

糸の実物大

●**編み方**　糸は1本どり。

1 一般的な作り目で43目を作る（1段め）。2段め以降は毎段、編み地の向きをかえ、模様編みを524段めまで増減なく編む。

2 編み終わりは表目の伏せ目をする。

POINT
表目と裏目の組み合わせで陰影ある三角形の模様を作ります。最初と最後の表目2段は少しきつく編むようにすると、仕上がりがきれいです。最後に裏側から、編み目をつぶさないようにアイロンのスチームをかけると、より目が整います。

製図

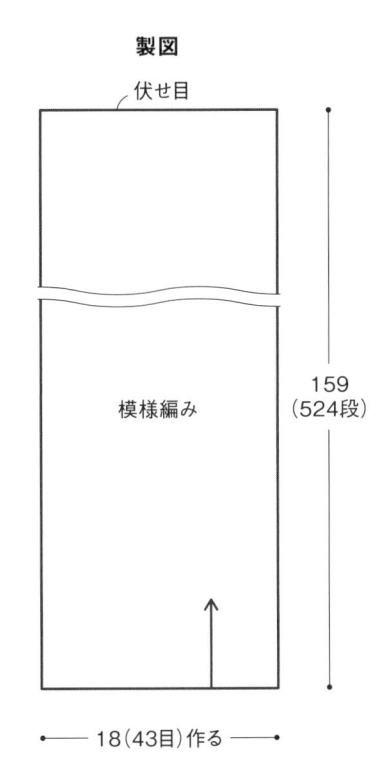

伏せ目

模様編み

159（524段）

←18（43目）作る→

編み方記号図

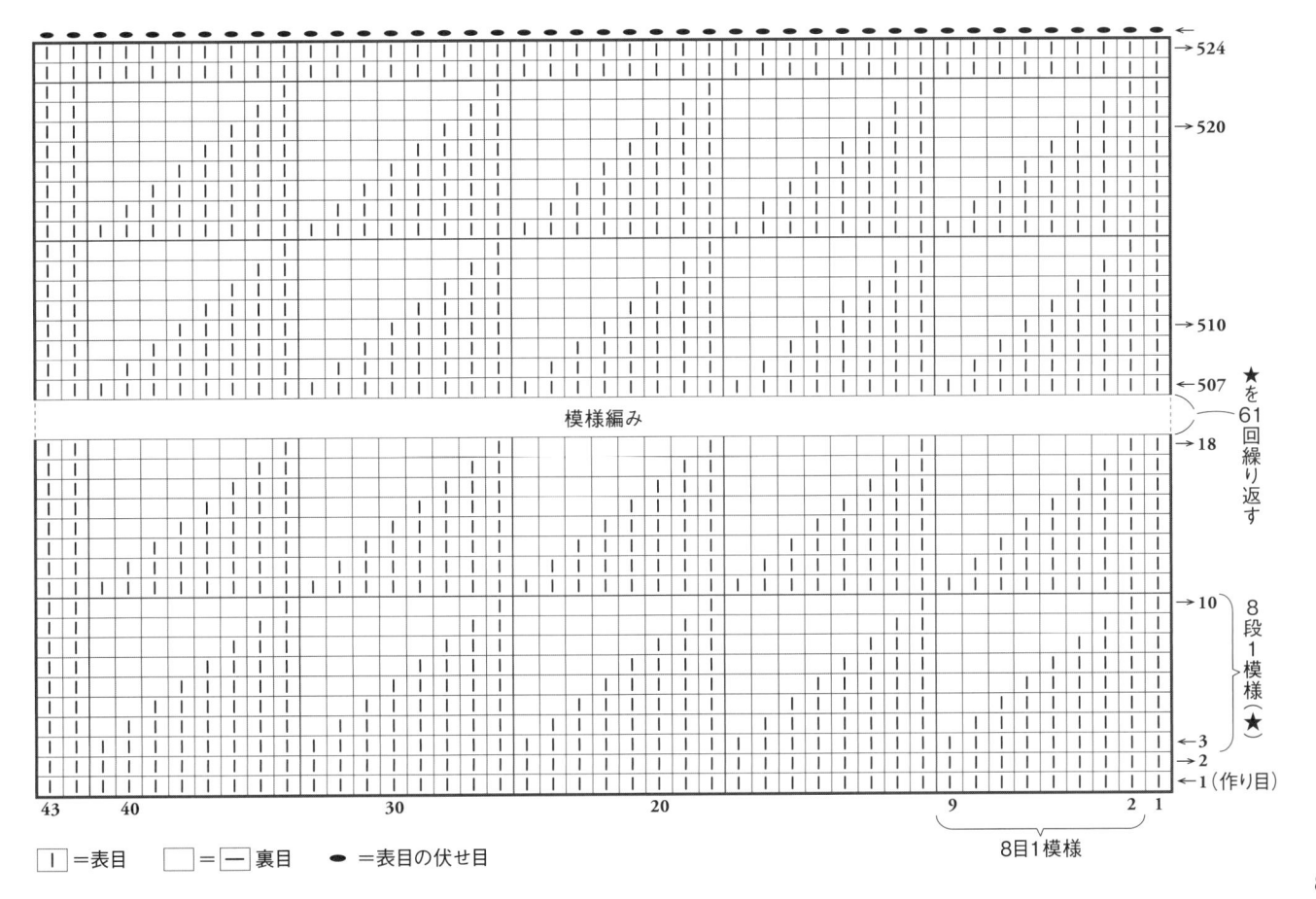

模様編み

→524
→520
→510
→507　★を61回繰り返す
→18
→10　8段1模様（★）
→3
→2
←1（作り目）

43　40　　30　　20　　9　　2　1

8目1模様

│＝表目　　＝裏目　　●＝表目の伏せ目

三角模様のマフラー　B　49ページ

- ●出来上がり寸法　　幅19cm（最大）　長さ120cm
- ●ゲージ　　模様編み　22.5目×34段＝10cm角
　　　　　　1目ゴム編み　30段＝10cm
- ●材料　　合太程度の段染め糸（内藤商事／トリコロール）
　　　　　　赤系（311）…100g
- ●用具　　6号玉付き2本棒針　そのほかに、とじ針など

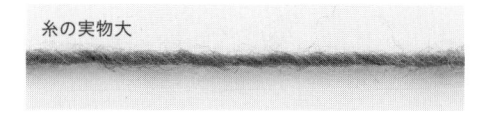

糸の実物大

- ●編み方　糸は1本どり。
- **1** 一般的な作り目で43目を作る（1段め）。2段め以降は毎段、
編み地の向きをかえ、模様編みを58段めまで増減なく編む。
- **2** 1目ゴム編みを258段、模様編みを58段編み、編み終わり
は表目の伏せ目をする。

製図

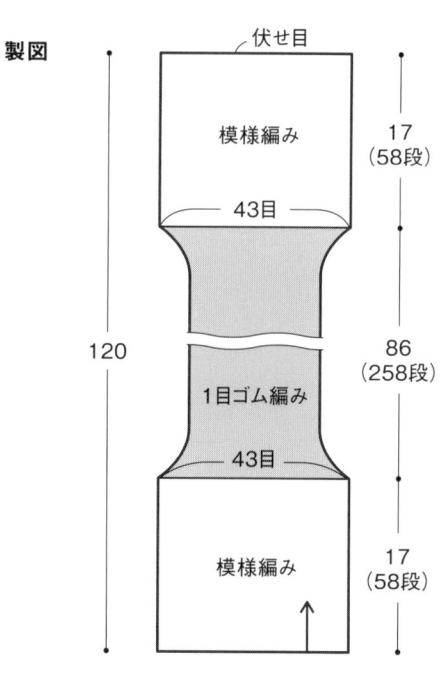

編み方記号図①

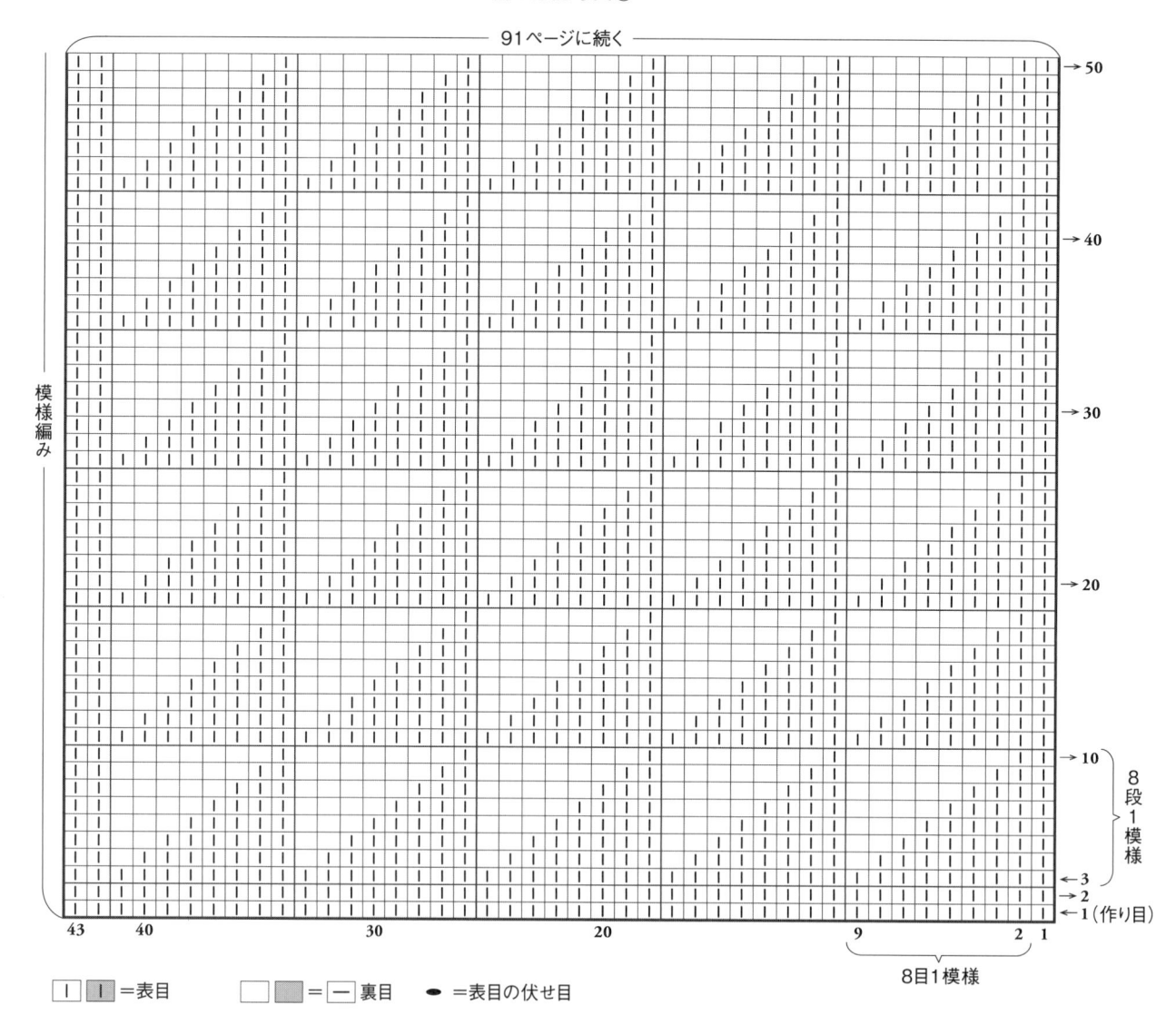

91ページに続く

| I | I | =表目　　　□ ▨ =⊐ =裏目　　　● =表目の伏せ目

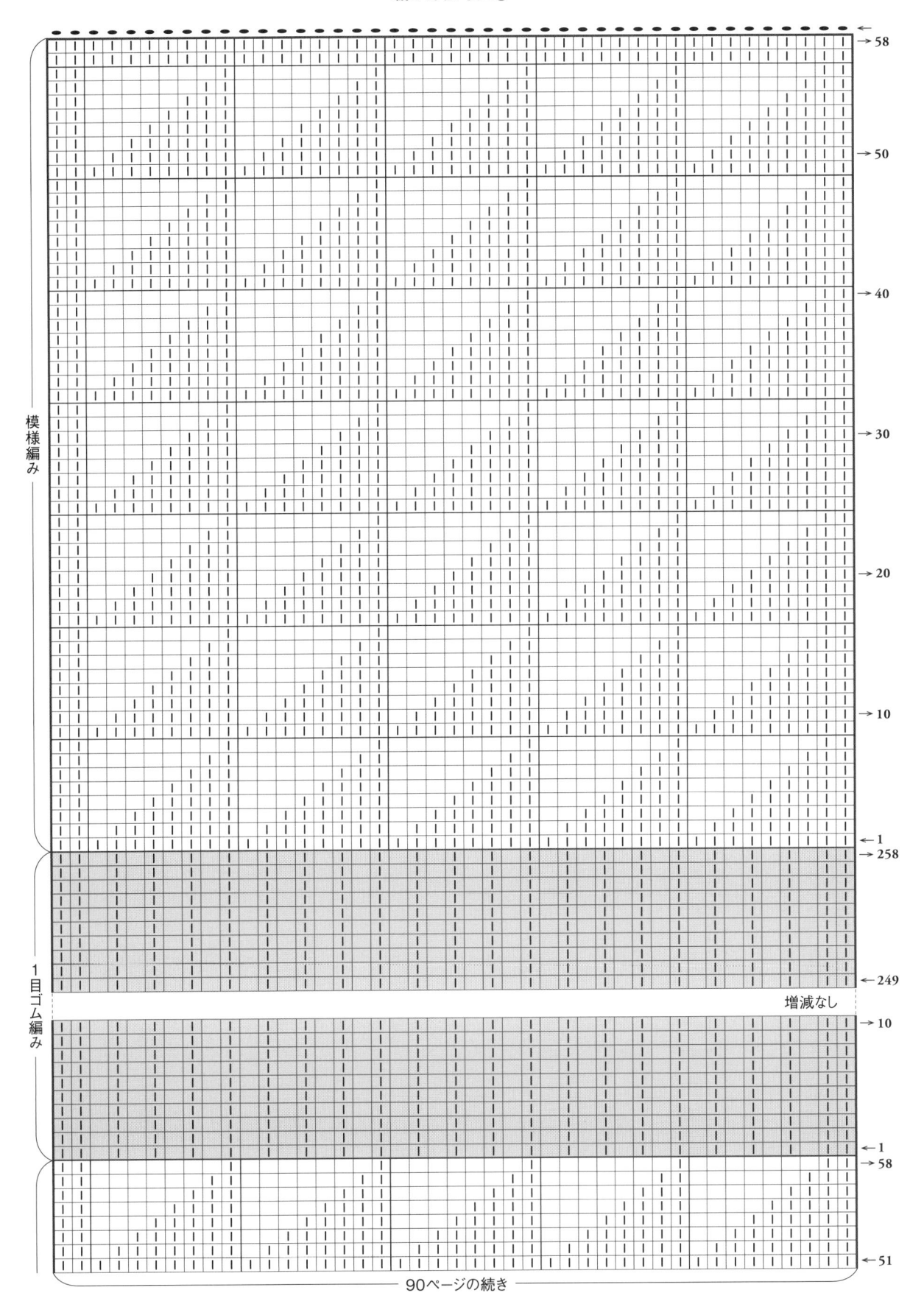

2WAYカーディガン　50ページ

●出来上がり寸法
着用Aタイプ　後ろ幅70cm　丈43cm　ゆき丈39cm
着用Bタイプ　後ろ幅70cm　丈37.5cm　ゆき丈35cm
- **●ゲージ**　メリヤス編み　16.5目×23段＝10cm角
- **●材料**　並太程度の段染め糸（内藤商事／デグラーデ）
　　　　　こげ茶色系（12）… 405g
- **●用具**　7号40cm輪針（または4本棒針）　そのほかに、別糸（糸印用）、段数マーカー、とじ針など

糸の実物大

POINT
等間隔で拾い目するのが難しい場合、例えば4分割して、その中で何目拾うか計算し、端数はバランスを見て調節すると、きれいに拾い目できます。そでぐり部分も輪針で編んでいますが、4本棒針でも、編みやすい方で編んでください。

●編み方　糸は1本どり。

1　左前身ごろから右前身ごろまで、続けて編む。一般的な作り目で72目を作り（1段め）、2段め以降は毎段、編み地の向きをかえ、2目ゴム編みとメリヤス編みを指定の段数まで増減なく編み、編み終わりは表目の伏せ目をする。途中、そでぐりに別糸で印をつける。

2　後ろ身ごろを編む。左右前身ごろの指定の位置で160段から116目をなるべく均等に拾い目し、メリヤス編みと2目ゴム編みを指定の段数まで編み、編み終わりは表目の伏せ目をする。途中、そでぐりに別糸で印をつける。

3　合い印どうし（★、☆）をすくいとじ（61ページ参照）でとじる。

4　そでぐりは前後身ごろをそれぞれ40段から30目ずつ拾い目し、輪にして2目ゴム編みを11段編む。編み終わりは表目の伏せ目をし、最初の伏せ目にチェーンつなぎ（65ページ参照）をする。

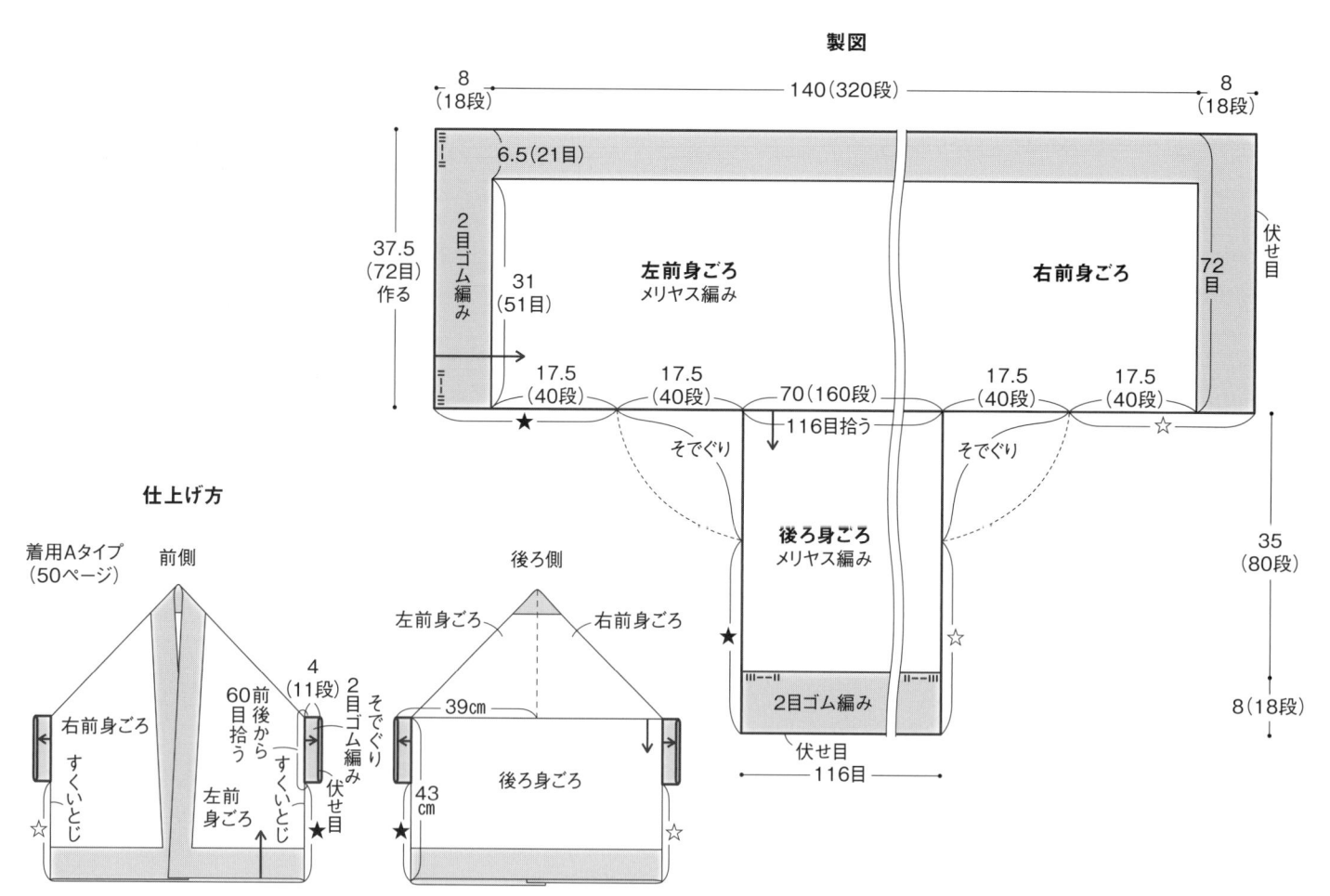

製図

仕上げ方

前身ごろの編み方記号図

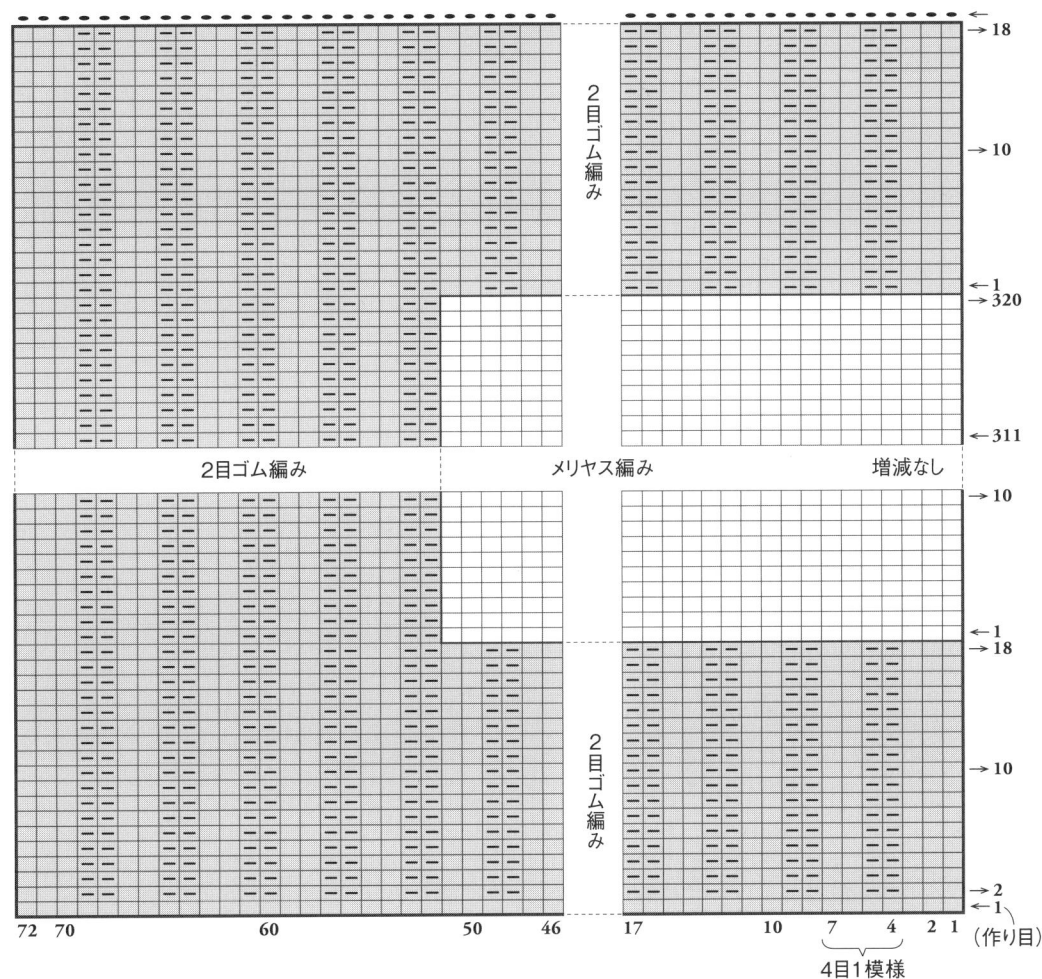

2目ゴム編み

メリヤス編み　　増減なし

2目ゴム編み

2目ゴム編み

2目ゴム編み

4目1模様

- [ ] [ ] = [|] 表目
- [−] = 裏目
- ● = 表目の伏せ目

最初の伏せ目に
チェーンつなぎをする　**そでぐりの編み方記号図**

2目ゴム編み

後ろ身ごろの編み方記号図

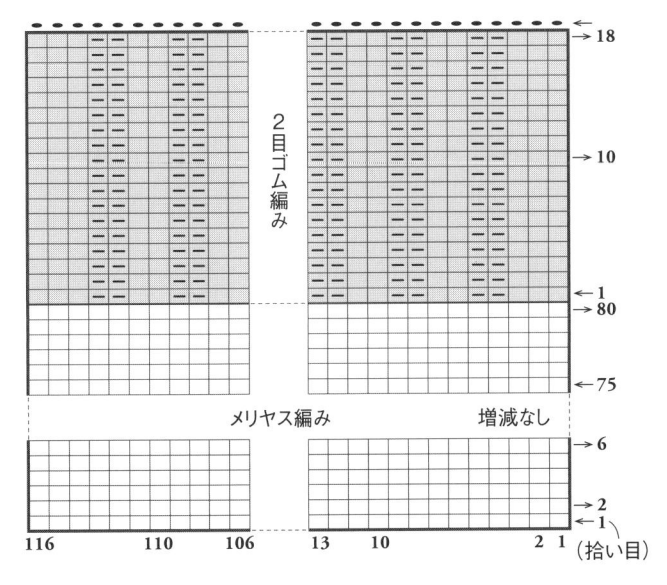

2目ゴム編み

メリヤス編み　　増減なし

着用Bタイプ
（51ページ）

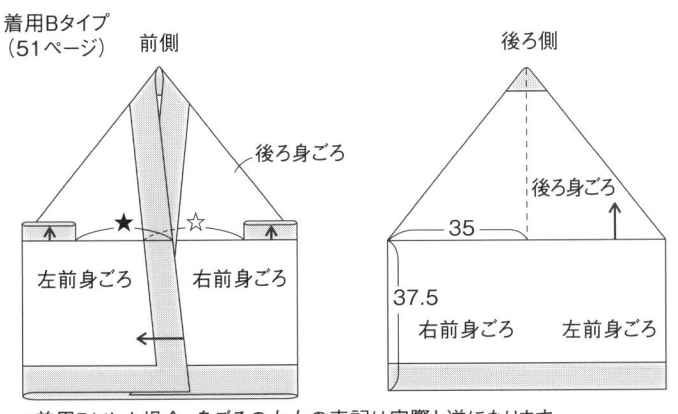

前側

後ろ身ごろ

左前身ごろ　　右前身ごろ

後ろ側

後ろ身ごろ

35

37.5

右前身ごろ　　左前身ごろ

＊着用Bにした場合、身ごろの左右の表記は実際と逆になります

波形のネックウォーマー 青 52ページ

● **出来上がり寸法** 首回り51.5cm 丈約16cm
● **ゲージ** 模様編み 28目×59段＝10cm角
（縦に伸ばした状態の目安は27段＝10cm）
● **材料** 並太程度の段染め糸（内藤商事／ウールボックスプリント） 青系（602）…110g
● **用具** 6号60cm輪針 そのほかに、段数マーカー、とじ針 など

糸の実物大

● **編み方** 糸は1本どり。

1 一般的な作り目で144目を作る（1段め）。2段め以降は輪にし、模様編みを94段めまで増減なく編む。1目めに段数マーカーをつけて編むと、段の始めがわかりやすい。

2 編み終わりは表目の伏せ目をし、最初の伏せ目にチェーンつなぎ（65ページ参照）をする。

POINT

1段めを編み終わったらねじれていないか確認しましょう。3模様くらい編むと編み地が波のようにうねって最初の目がわかりにくくなってくるので、編み始め位置に段数マーカーをつけると編みやすいです。糸をほどいたときは、軽くアイロンのスチームを浮かせてかけると、編みぐせが残りにくくなります。

製図

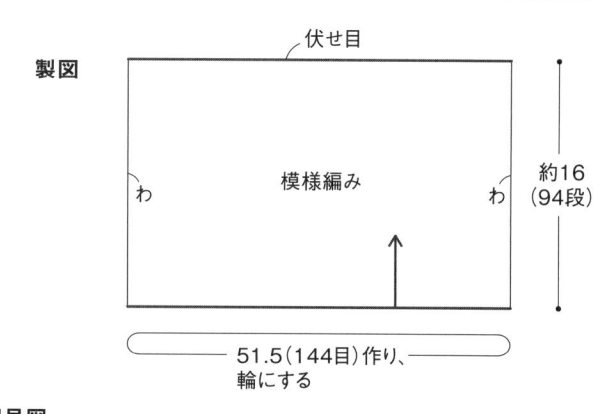

伏せ目

模様編み

わ　　　わ

約16（94段）

51.5（144目）作り、輪にする

編み方記号図

最初の伏せ目にチェーンつなぎをする

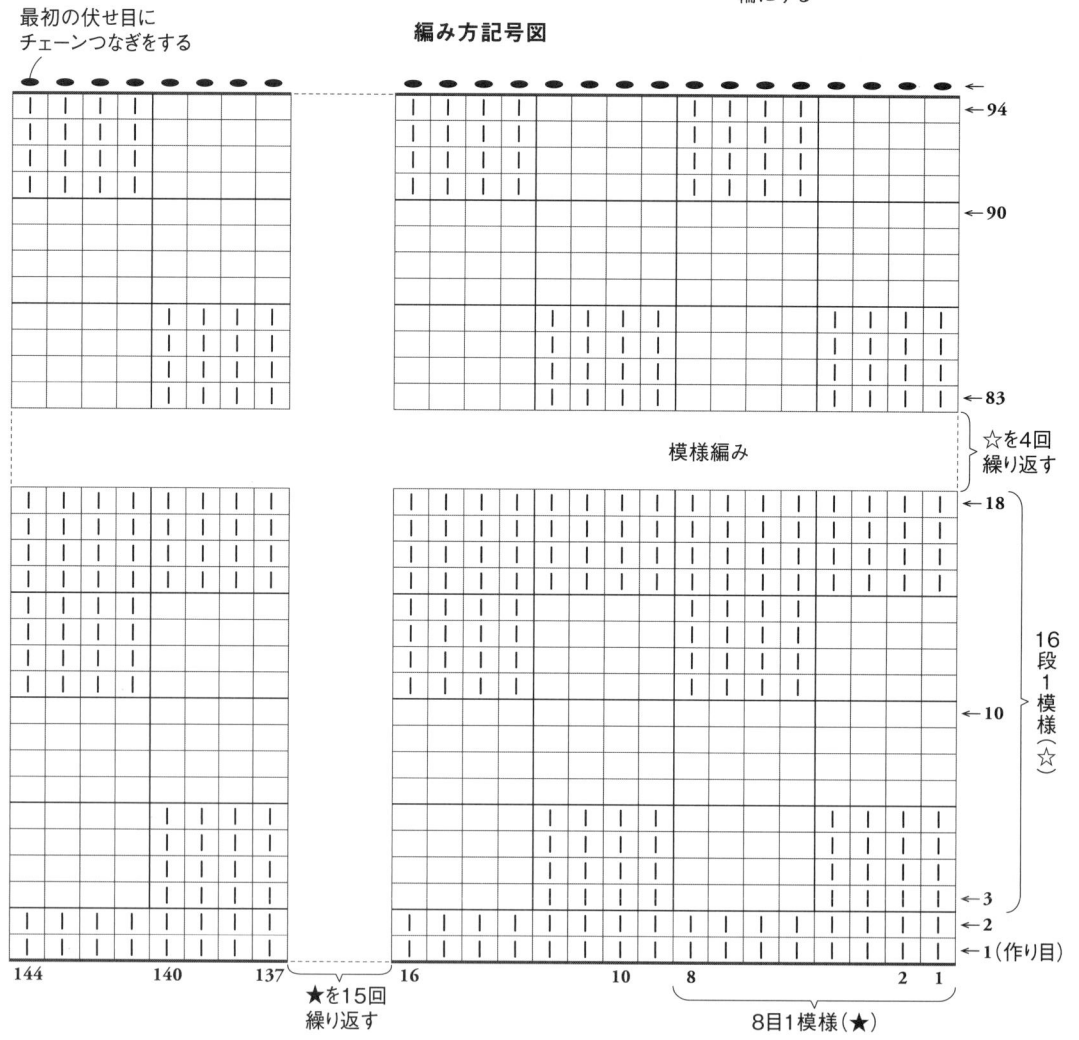

模様編み

☆を4回繰り返す

16段1模様（☆）

←94
←90
←83
←18
←10
←3
←2
←1（作り目）

144　140　137

★を15回繰り返す

16　10　8　2　1

8目1模様（★）

| = 表目
□ = ― 裏目
● = 表目の伏せ目

波形のネックウォーマー 赤 52ページ

- **●出来上がり寸法** 首回り48cm 丈約15cm
- **●ゲージ** 模様編み 20目×52段＝10cm角
  （縦に伸ばした状態の目安は24段＝10cm）
- **●材料** 極太程度のストレート糸（内藤商事／ウールボックス
  メランジ） 赤（706）…100g
- **●用具** 8号60cm輪針 そのほかに、段数マーカー、とじ針
  など

糸の実物大

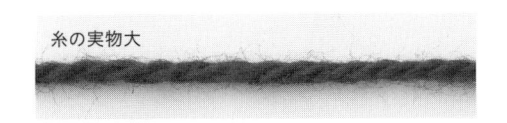

- **●編み方** 糸は1本どり。
1 一般的な作り目で96目を作る（1段め）。2段め以降は輪に
  し、模様編みを78段めまで増減なく編む。1目めに段数マ
  ーカーをつけて編むと、段の始めがわかりやすい。
2 編み終わりは表目の伏せ目をし、最初の伏せ目にチェーンつ
  なぎ（65ページ参照）をする。

POINT

表目と裏目のブロックを交互に編み、ずらしていくことでユニークな波の模様が出来ます。フリーサイズですが、赤より青の方が首回りが3.5cm大きいデザインです。きつめに編む方が波の模様がしっかり出ます。

製図

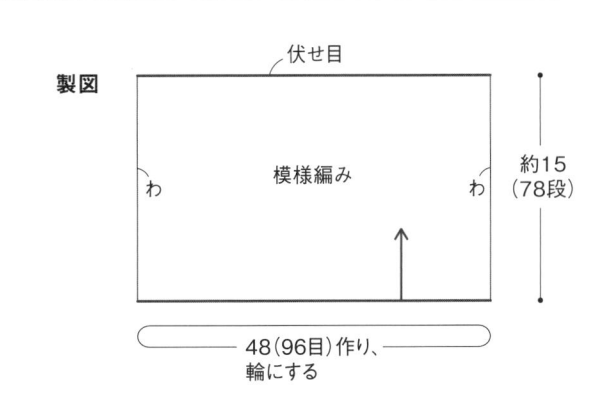

伏せ目

模様編み

わ　わ

約15
（78段）

48（96目）作り、
輪にする

最初の伏せ目に
チェーンつなぎをする

編み方記号図

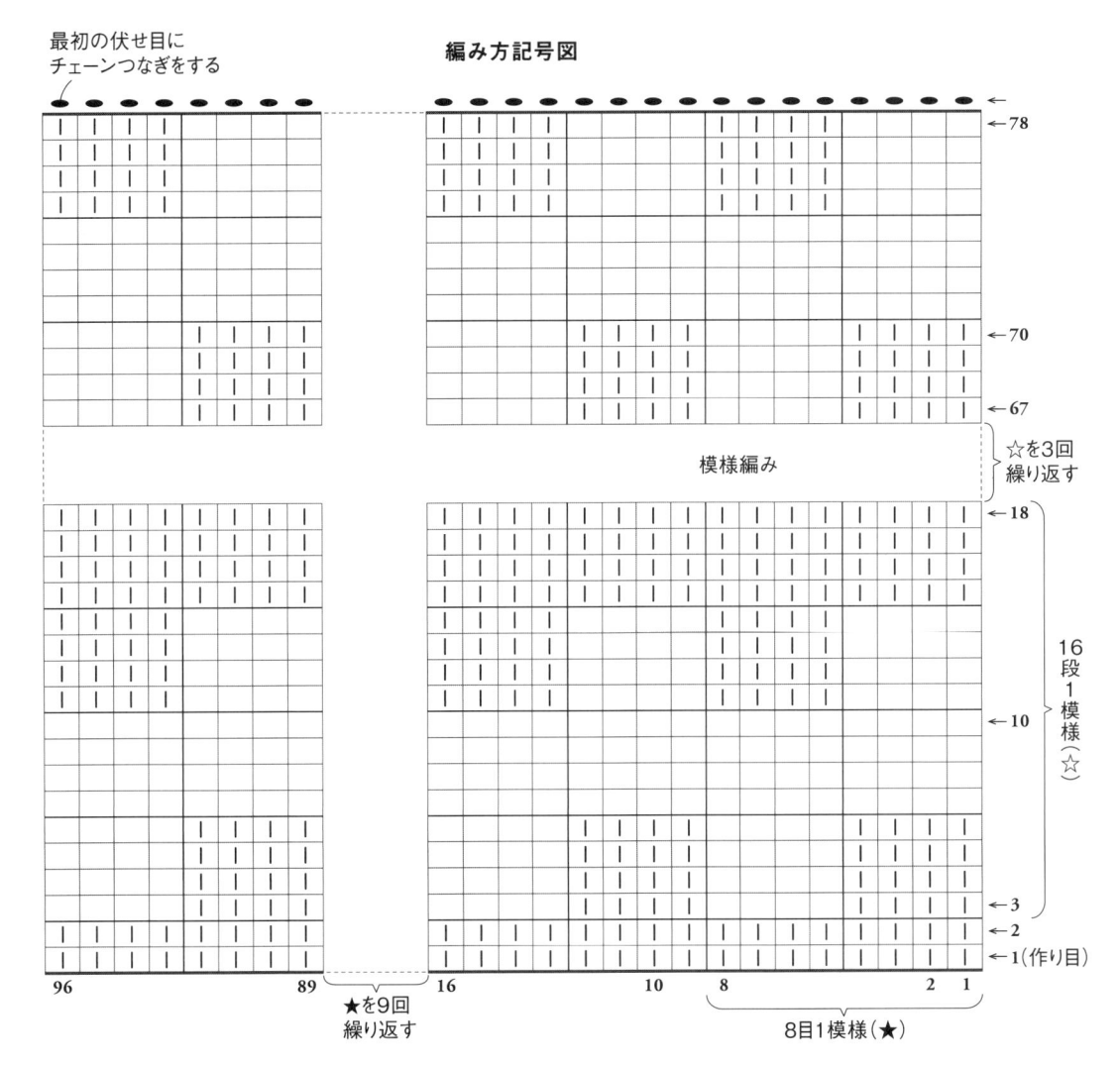

模様編み

☆を3回
繰り返す

16段1模様（☆）

←78
←70
←67
←18
←10
←3
←2
←1（作り目）

☐=表目
□=⊟裏目
●=表目の伏せ目

96　89

★を9回
繰り返す

16　10　8　2　1

8目1模様（★）

ベルンド・ケストラー

ドイツのヘッセン州出身のニットデザイナー。
鮮やかな色使いと、簡単でユニークな編み地の作品を得意とし、年齢・性別を問わず幅広い層に支持されている。
伝統的な模様を研究したり、編み物以外のジャンルからインスピレーションを得ながら、
作る人が編むときも身に着けるときも楽しめるような作品を作り続けている。趣味はツーリング、合気道、お菓子作り。
著書に『ベルンド・ケストラーのスパイラルソックス』(世界文化社) ほか。
ホームページ　https://berndkestler.stores.jp
　　　　　　　https://instagram.com/berndkestler/

		Special Thanks (製作協力)
ブックデザイン	渡部浩美	浅野安由
撮影	新居明子 (口絵)	植原のり子
	中辻　渉 (作り方)、本間伸彦 (p.65)	岡田京子
スタイリング	池水陽子	小枝久子
モデル	満島みなみ、木村理花	後藤敬子
ヘア＆メイク	梅沢優子	五味川靖子
作り方トレース	たまスタヂオ	小室弘子
作り方解説	岡野とよ子	斎藤明子
校正	廣瀬詠子	高木たまき
編集	高野千晶 (NHK出版)	塚田有紀晶
		松山　功
撮影協力	内藤商事　03-5671-7110	平岡直美
	ダイドーフォワード　パピー事業部　03-3257-7135	太箸文子
	横田 (DARUMA)　06-6251-2183	横山ちがや
	オリムパス製絲　052-931-6679	
	元廣 (スキー毛糸)　03-3663-2151	
	TITLES	

表目と裏目だけで編むニット

2017年10月30日　第1刷発行
2023年8月30日　第9刷発行

著者　　　ベルンド・ケストラー
　　　　　©2017　Bernd Kestler
発行者　　松本浩司
発行所　　NHK出版
　　　　　〒150-0042　東京都渋谷区宇田川町10-3
　　　　　TEL 0570-009-321 (問い合わせ)
　　　　　TEL 0570-000-321 (注文)
　　　　　ホームページ　https://www.nhk-book.co.jp

印刷・製本　凸版印刷